石继航 · 著

吃喝玩乐在唐朝

人民东方出版传媒
People's Oriental Publishing & Media

东方出版社
The Oriental Press

图书在版编目（CIP）数据

吃喝玩乐在唐朝 / 石继航著 . — 北京：东方出版社 ,2022.10
ISBN 978-7-5207-2783-9

Ⅰ.①吃… Ⅱ.①石… Ⅲ.①文化史—中国—唐代—通俗读物
Ⅳ.① K242.03–49

中国版本图书馆 CIP 数据核字（2022）第 079171 号

吃喝玩乐在唐朝
（ CHIHEWANLE ZAI TANGCHAO ）

作　　者：石继航
责任编辑：张凌云
出　　版：东方出版社
发　　行：人民东方出版传媒有限公司
地　　址：北京市东城区朝阳门内大街 166 号
邮　　编：100010
印　　刷：北京联兴盛业印刷股份有限公司
版　　次：2022 年 10 月第 1 版
印　　次：2022 年 10 月第 1 次印刷
开　　本：880 毫米 ×1230 毫米　1/32
印　　张：8
字　　数：120 千字
书　　号：ISBN 978-7-5207-2783-9
定　　价：52.80 元
发行电话：（010）85924663　85924644　85924641

吃喝玩乐

乐 赏乐

玩 游戏

目录 ——

花舞大唐春

唐，对我们中华民族来说，不仅仅是一个简单的字，而是一份回忆，一曲传奇，一座丰碑。那是一个风云际会的时代，是一个激情四射的时代，是一个云蒸霞蔚的时代。

金碧辉煌的光彩，是唐的颜色；嘹亮高亢的鼓乐，是唐的声音；张扬热情的气度，是唐的性格。骆驼上的九姓胡商、罗纱后的丰腴仕女、大明宫前的万国衣冠，是唐的影像。

1400多年前的唐代，中华的版图，多达1237万平方公里，东至朝鲜半岛，西达中亚咸海，南到越南顺化一带，北包贝加尔湖。而且更为重要的是，唐朝时的这些地域，并非依靠刀与剑、血与火的野蛮征服，而更多的是一种文化的认同。敦煌中曾保留这样的歌谣："本是蕃家将，年年在草头，夏日披毡帐，冬天挂皮裘。语即令人难会，朝朝牧马在荒丘。若不为抛沙塞，无因拜玉楼。""弃毡帐与弓剑，不归边土，学唐化，礼仪同，沐恩深"，"生死大唐好，喜难任"。这应该是代表了当时人的共同心情，所以也有了在安史之乱时，很多本是少数民族的唐朝将士不肯附逆，而是与安禄山这些乱臣贼子血战到底、殊死报唐的壮举。

盛唐的文明，当时就像一轮煊赫的红日照耀整个亚洲，这里融汇着四面八方的文明，有着海纳百川的胸怀和气度。无论是鲜卑、突厥、契丹、铁勒，甚至新罗、高句丽、日本人，都可以在大唐从容自在地生活，甚至入朝堂为官。

唐朝人的精神，是那样地开放和自信，它拥有恢恢然、广广然、昭昭然、荡荡然的非凡气度，所以历史上才有了这一页无比光辉和繁荣的盛唐篇章。那令人神往的唐代，精彩的历史一段段地上演：人物是那一个个渊渟岳峙的将相，故事是那一出出风云激荡的剧目，配乐是那一声声催开百花的羯鼓，布景是那一朵朵雍容华贵的牡丹。

这本书，想选取唐代人最平常的一些生活剪影，只着眼于他们的吃喝玩乐，但一样也可以从中体会到唐人热情奔放的精神。唐朝人是这样的：他们积极进取，渴望建功立业，不惧艰难，不惜身命，有着"纵死侠骨香，不惭世上英"的豪情胜慨，但另一方面，又从不拒绝娱乐游玩，"花开堪折直须折，莫待无花空折枝"，就反映了唐人及时行乐的观念。

唐朝人的吃喝玩乐也是丰富多彩的，他们打猎、打马球、斗鸡、斗草、玩投壶、玩双陆，一样有着愉悦感极强的精神享受。由于八方文明的交融，饮食方面，像胡饼、饦饦、龙膏酒、三勒浆等等，也异常丰富了唐人的食单，正所谓"琼杯绮食青玉案，使我醉饱无归心"。虽然历史的尘沙已经将我们这些祖先的身躯埋没，但是，我们还可以从现存的文献和文物中重新钩沉还原出这一幕幕生活剪影，了解到他们当年对生活质量的热情和追求。

　　对于年轻的朋友来说，穿越是一个非常有趣的话题，希望这本书能够给大家一种穿越到大唐时代，和李白、杜甫、白居易他们一同体会当时的吃喝玩乐的愉快体验，一同感受"花舞大唐春"的澎湃心情！

吃

水陆列八珍，吃货好开心。虽然一说就是「衣食住行」，但生存的第一条件是「食」，正所谓「民以食为天」，吃饱肚子是人生最基本的需要。就算是食物充足的现代人，对于「吃」的兴趣也是相当浓厚，吃货多多。

唐代佚名《宫乐图》中的宴饮情景

第一章

山珍海味：唐人丰富的肉食

假如我们穿越到了唐朝，如果想点西红柿炒鸡蛋、青椒炒肉片、土豆烧牛肉、洋葱拌木耳、老醋花生米之类的，店家会说：「这个真没有」，想吃火锅也没门儿，但是现代人最喜欢的烧烤撸串这一类，在唐代是比较流行的。毕竟古人所谓的脍炙人口，就包括烧烤这一类。

◉ 吃羊肉最流行

话说唐朝人请客吃饭时，不像我们现在这样，围着一个大圆桌，上了菜后，大家一起举筷子吃。有些短视频中拍的段子，一个个如饿虎扑食，筷子如风，风卷残云一般就把好菜扫个干净，动作慢的，就抢不到了，实在有违礼仪之邦的风范。

唐代高士宴乐纹嵌螺钿铜镜

而唐朝时，直接不给人们这种争抢的机会。唐朝人吃饭都是一人一份，并不在一张大桌子上一起吃。

对于这个情景，我们还是参考一下著名的《韩熙载夜宴图》（虽

南唐顾闳中《韩熙载夜宴图》局部

然这幅画诞生的时代是南唐，但距离唐代并不远，依然保留了唐代的衣着和饮食习惯）：

我们看，这里主人宴客时，并不是大家一起凑到一个大方桌或者大圆桌上吃，而是一人一案，上面分别有一些碗碟，盛着菜肴。其实，这样的分食制，我觉得倒是非常合理的，避免了口水的交叉感染，在现在新冠病毒流行的情况下，更是非常有意义。

像唐代墓室东壁《野宴图》，虽然只有一张大餐桌，但是从上面的餐具摆放来看，也是一人一份的模式。

古人写文章时，经常会用到现代人不熟悉的一个典故，叫作"割锦缠羊"，这其实就是唐朝人宴会间经常会发生的事情。

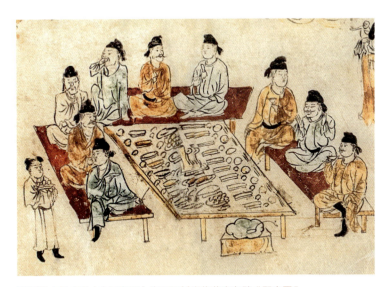

陕西西安长安县（今长安区）南里王村唐代墓室东壁《野宴图》

什么意思呢？就是唐朝人的肉食类中，以羊肉最为常见。而且最多的做法就是烤着吃，那时候的羊肉串绝对是真货，因为主人往往会直接让仆人牵来一只活羊，现场宰杀，然后挂起来，让客人一人一把刀子过去割肉。

这是为什么呢？难道让客人来帮忙干活吗？这也太不尊重客人了吧！不是这个意思，唐朝主人是觉得每个人的口味不同，如果自己分的话，肥啦瘦啦，分肉的时候不好把握，甚至会闹出不愉快来，所以让大家以"自助"的形式来选肉。

客人割下羊肉后，仆人就用不同颜色、不同长短的锦绸条缠起来，作为记号。拿到后厨或蒸或烤，烤一般更常见。厨子们烹饪完成之后，再一一用锦绸缠上，送回来，你只要认清自己锦绸的模样，就能拿回自己选的那块肉啦。这就是所谓的"割锦缠羊"。

香喷喷的羊肉拿过来，自己用刀再切成一片片的，根据自己口味蘸上杏酱和胡椒，然后开吃。在唐朝，由于本土不产胡椒，所以极为珍贵，甚至有胡椒与黄金同价之说。中唐时的宰相元载是个大贪官，被抄家时发现他积攒了胡椒800石，合64吨之多。他不是开调味品工厂，只是为了聚敛财富，因为当时这东西确实很值钱。

所以，如果你能穿越到唐朝，记得多带几斤胡椒过去，和画马的韩干、写字的柳公权这些人换几幅字画啥的再穿回来，肯定会发大财。

除了割锦缠羊的形式外，有时候仆人也直接抬上来一只"烤全羊"。但这里还有玄机，仆人们抬上这只香喷喷的羊后，又剖开羊的肚子，变戏法一般掏出一只大肥鹅来。正当你吃惊地睁大眼睛时，仆人又剖开了肥鹅的肚子，从里面掏出肉糜和糯米混在一起的饭——感觉味道就像肉粽吧！这种有点类似俄罗斯套娃的菜品，当时有个名字叫"浑羊殁忽"，这在唐人卢言写的《卢氏杂说·御厨》一书中有记载：

> 见京都人说，两军每行从进食，及其宴设，多食鸡鹅之类。就中爱食子鹅，鹅每只价值二三千。每有设，据人数取鹅。燖去毛，及去五脏，酿以肉及糯米饭，五味调和。先取羊一口，亦燖剥，去肠胃，置鹅于羊中，缝合炙之。羊肉若熟，便堪去却羊。取鹅浑食之，谓之"浑羊殁忽"。

　　这和现在新疆以及中亚和西亚流行的烤全驼有异曲同工之处，据报道，迪拜土豪吃的一整只的"烤全驼"，就是这样的做法，骆驼肚里塞了羊、鸡、鱼、蛋。

考全驼示意图

　　在唐朝，宴席上的肉食，最常见的就是羊肉了。我们知道唐朝官员的俸禄有很大一部分是以实物形式发放的，《唐六典》记载，三品官每月发给 12 只羊，四品、五品也有八九只，三天吃一只，满可以的了。《新唐书》中曾记载：唐玄宗开元年间的陇右牧场，饲养的羊多达 60 余万只。要知道唐朝人口远不像现在这样多，总体不过 6000 多万，长安城也就几十万人口，而一个牧场就有这么多羊，相对来说还是比较充足的。

所以，唐朝肉食中，羊肉是老大，如果你是资深撸串爱好者，可谓得其所哉。

⦿ 杀牛会违法

但如果你觉得羊肉太过腥膻，想要吃个牛排之类的东西，可就不方便了。在唐朝，杀耕牛像我们现在猎杀国家保护动物一样，是违法犯罪行为。曾有报道，云南有人猎杀大熊猫，吃了熊猫肉并出售其皮肉，主犯被判刑十多年。

那唐朝时随意宰杀牛，会被怎么处罚呢？《唐律疏议》中明文规定禁止私宰牛和马："主自杀马牛者，徒一年。"也就是说没有申报自行宰杀牛马者，就要被劳教一年，在唐代就是服一年苦役。

为什么呢？唐太宗说过："自汉魏已来，或赐牛、酒。牛之为用，耕稼所资，多有宰杀，深乖恻隐。"太宗说自汉魏开始，都是赏

唐代韩滉《五牛图》

赐牛肉和酒，但牛能帮助人耕地，现在遭到宰杀，朕很是怜悯它。

太宗做出一个重感情的有道明君的样子，有些做作，而后辈唐武宗说得更功利化也更直接："牛，稼穑之资，中国禁人屠宰。"意思是说牛是帮助人耕种庄稼的重要生产资料，所以不能随意屠宰。

为了保护耕牛，人们还编出各种传说，多是杀牛时遭到报应的事例。《太平广记》中说有个叫王云略的人，性格凶暴。有一日他用刀子插入牛眼，将牛杀死。第二天，他就莫名其妙地双眼喷血，人们都说是杀牛的报应。《大慈恩寺志》中也说，有一个小官儿爱吃牛头，结果有一天脚丫子就烂了。有读者可能说，按前面那个逻辑，不应该是烂头吗？我觉得这人脚烂应该是属于痛风一类的疾病，确实和吃肉有关，不是吃牛的报应，但人们加以附会，来警诫其他人不要杀牛。

从唐代韩滉所绘的《五牛图》可以看出唐人对牛的感情。

但牛肉真香啊，实在很想吃啊。还有，不是传说杜甫最后是吃

牛肉撑死的吗？《新唐书》中也这样记载："大历中，……大水遽至，（杜甫）涉旬不得食，县令具舟迎之，乃得还。令尝馈牛炙白酒，大醉，一夕卒，年五十九。"

也就是说，杜甫被大水围困，十多天没有吃上饭，当地的县令派人划船去接他，还给他烤牛肉和白酒。杜甫饱餐大醉，结果当晚就去世了。

难道杜甫吃的是假牛肉吗？还有李白的"烹牛宰羊且为乐，会须一饮三百杯"，也是在胡吹吗？王昌龄《留别岑参兄弟》诗云："貂蝉七叶贵，鸿鹄万里游。何必念钟鼎，所在烹肥牛。"

这些人为什么能吃牛肉，难道不怕犯法吗？

在唐代，吃到牛肉还是有可能的，毕竟杀牛不是杀人，当年的法律也都是看人下菜碟的。如果你是一个普通的农民，唐朝叫作"田舍郎"，突然把自家的耕牛宰了吃肉，那官府差役拿链子往你脖子上一套，就扯到官府问罪，一年劳改是免不了的。

但是，凡事都有个"但是"，如果像上面说的县令、参军这类的朝廷命官，杀个牛，吃个肉，差役也不敢去问。而且，吃牛肉也是有种种借口的，上面法律规定是"自杀马牛"，就是自行屠宰，如果是经过官府批准的呢？那就不在其数了，像上面给杜甫送牛肉的聂县令，他杀只牛，要官府批准吗？再说了，如果这牛不是我杀的，是它自己病死了，或者出事故摔到山沟里死了呢？那不就有理由吃牛肉了吗？

《太平广记》引《玉堂闲话》中记载晚唐时的一件事情："天祐癸酉年，夫妻至抚州南城县所，有村民毙一牸。夫妻丐得牛肉一二十斤，于乡校内烹炙，一夕俱食尽。"注意这里的用词是"毙"，而不是杀一犆，宰一犆，意思是说这牛死掉了，给吃牛的行为披上了合法的外衣。

武则天时，因为她信佛，曾经一度下令禁止屠宰，不只是牛，连其他的羊、猪、鸡之类，都不能杀。那想吃肉咋办？于是上有政策，下有对策。

大臣娄师德到陕西去巡视，当地官员招待他，呈上了香喷喷的羊肉。娄师德实在想吃，但朝廷有明令禁屠，于是板着脸问："朝廷禁屠，为什么还杀羊？"上菜的厨子忙说："这只羊不是我们杀的，是有一只豺跑到羊圈中来，一下子把羊给咬死了，这也不能浪费了啊，所以我们就烤来吃了。"娄师德于是心安理得地大吃起来。

过了一会儿，厨师又端上来一条清蒸鱼，娄师德又问："为什么又杀鱼？"厨人说："有一只豺把这只鱼咬死了，所以……"娄师德听了哭笑不得，心想这人真是智商欠费，你就不能换个说法吗？豺哪里能咬到鱼？于是指点他说："不是吧，这应该是水獭咬死的吧？！"

从这个事例就能看出，唐朝人对有些法律条文也是明知故犯，正如《西游记》中的猪八戒所说："依着官法打杀，依着佛法饿杀"，就是说旧时的法律好多都不合理，而且严刑峻法多如牛毛，老百姓行事时都不可避免有违法的行为，都按官法来，人人都要被打死。而佛经中讲肉不能吃，植物中的小五荤也不能吃，这也不能吃，那也不能吃，都按佛法中说的方式生活，只能饿死了。

所以，在唐代保留下来的宰相韦巨源置办"烧尾宴"的菜单中，就赫然出现了"水炼犆"这种菜品，也就是清炖整只小牛。文宗时大宦官仇士良喜欢吃一种叫"赤明香"的菜品，是用牛肉、鹿肉等做成肉脯。据记载，这种肉脯"轻薄、甘香、殷红、浮脆"，有点类似今天四川的"火鞭子牛肉"。你说吃牛肉违法，你知道仇公公是何等人吗？他把持朝政，气焰熏天，杀过两个王爷、一个妃子、四位宰相，你还敢追究他吃牛肉的事情吗？

不过话说回来，除去这类特权阶层，唐朝人吃牛肉还是不怎么光明正大的，所以诸如"白眼向人多意气，宰牛烹羊如折葵"之类的诗句，就显得十分有豪气。

其实唐人发明了做牛肉的好方法，比如晚唐段公路写的《北户录》一书记载："南人取嫩牛头，火上燂过（炙去毛为燂）。复以汤毛去根，再三洗了，加酒、豉、葱、姜煮之。候熟，切如手掌片大，调以苏膏、椒橘之类，都内于瓶瓮中，以泥泥过，煻火重烧，其名曰褒。"

意思是把牛头先用火烧一遍，去掉毛，然后加热水烫一下，煨净毛根后，再加酒、豉（豆豉类）、葱、姜煮熟。熟透后切成手掌大小的薄片，再加上苏膏、椒橘等调料，放在大瓮中煮，用泥封口，再次加热入味，这道菜就叫"牛头褒"。

◉ 吃猪显低贱

冯梦龙《古今谭概》中有一则"罚人吃肉"的笑话："李载仁，唐之后也。避乱江陵，高季兴署观察推官。性迂缓，不食猪肉。一日，将赴召，方上马，部曲相殴。载仁怒，命急于厨中取饼及猪肉，令相殴者对餐之。复戒曰：'如敢再犯，必于猪肉中加之以酥！'"

说是李载仁这个人是唐朝皇族之后，到江陵避乱，在高季兴手下做观察推官。他非常迂腐，平生最讨厌吃猪肉了。一天正要应召去衙门，刚上马，他的手下竟然当着他的面打架。李载仁勃然大怒，但是他的处罚方式很另类，他让人从厨房中取出大饼和肥猪肉，罚打架的人面对面大吃一顿，还严厉地训斥说："你们要是敢再犯，我就在猪肉里再多加点油！"

这则笑话想必好多人都为之发笑，但这里面也有一个时代背景，就是唐朝时，确实有部分人对猪肉是相当厌恶的。猪肉的销量完全比不上羊肉，前面提到的"烧尾宴"菜单中，鱼、虾、蟹、鸡、鸭、鹅、牛、羊、鹿、熊、兔、鹤、蛙，应有尽有，但就是没有猪肉。

为什么唐人不喜欢猪肉呢？这是因为，猪给人一种相当肮脏的感觉，尤其是当时那个条件，猪圈往往和厕所相通，有过乡村生活经历的人都知道，散养的猪是经常会吃人的大便的。

再一个原因就是，唐朝的时候，没有普及阉猪的技术，所以当时猪的肉质没有现在好，而且有一股浓重的腥臊味。

再者就是在唐朝民间，炒菜是一件十分奢侈的事情，甚至铁锅也不怎么普及，在没有蔬菜搭配的情况下，猪肉无论是烤还是煮，都不怎么好吃。宋朝时苏东坡发明了"东坡肉"的吃法后，猪肉才变得可口起来。苏东坡当时也说："黄州好猪肉，价贱如泥土。贵者不肯吃，贫者不解煮。"可见直到苏轼的时代人们还是没有找到烹制猪肉的好办法。

当然，唐朝人对猪肉也并不是完全拒绝，还是有一些爱好吃猪肉的人。著名的晚唐诗人杜牧曾经在文章中写过，有一个叫邢涣思的人，特别爱吃猪肉，一天要吃两顿，于是就再三写信劝他说：

《本草》言是肉能闭血脉，弱筋骨，壮风气，嗜之者必病风。"所谓"病风"，是指脑中风一类，由高血压引发。这其实也是有道理的，常吃大肥肉，会患高血脂、高血压一类的疾病。

而这个邢涣思根本不听，所以有一天他正握着毛笔写字，突然两手向背后反转，晕倒在地，一整天后才醒过来，虽然能认识人，但腿脚活动不了啦，从此患了偏瘫之症，后来就死掉了。

所以，当时对猪肉还是有一些消极的看法。

不过，猪肉还是有它独特的吸引力，尤其是对一些爱吃油腻的人。唐朝人吃猪肉时通常的做法是蒸着吃，因为猪肉不容易烤，一烤油全滴出来了，前面说过唐朝人又不怎么炒菜，所以清蒸是最普及的做法。我们看到《西游记》中，妖怪捉住二师兄（猪八戒）也是要上笼蒸了吃，这也是有生活依据的。

蒸熟之后，大猪肉片子没什么味道，唐朝人一般就蘸上蒜汁、豆酱这一类，就着烤饼吃，感觉应该和现在菜馆中的"蒜泥白肉"这道菜的味道差不多。

《北户录》里说过一种看起来似乎很好吃的做法："先以宿猪肥者，腊月杀之，以火烧之令黄，暖水梳洗，削刮令净，刳去五脏，猪肪爛取脂脔，方五寸，令皮肉相兼。着水，令淹没于釜中，炒之肉熟水尽，更以向所爛肪膏煮肉，脂一升酒二升盐三升，令脂没肉，暖火煮半日许，漉出瓮中余膏，泻肉瓮中，令相淹。食时，水煮令熟，切，调和，如常肉法。尤宜新其二岁猪。肉未坚、烂坏，不堪作。"

这上面的大致做法，是把整只猪烤黄之后，再除去内脏，把带皮的五花猪肉切成五寸大小的方块，炖熟之后，再放一升猪油、二升酒、三升盐小火慢煮上半天，然后放入瓮中浸于汤汁之中。吃时取出来用水煮熟，像往常那样配上料调味即可。要用两年以内的嫩猪，肉质不好的，不适宜这种做法。

但越是有这样的记载，越说明这种猪肉的做法当年是不怎么常见的，而且从上面的制作程序来看，还是相当烦琐的，普通的百姓日常是不会这样讲究的。

猪肉吃得比较少，还有这样一个原因：古代榨油技术比较落后，油料作物也少，荤油是一种重要的油料来源，尤其是猪油。将猪肉中的肥肉成分炼成荤油后，可以用来加工各种食品，比如面点中，有时加了猪油，会变得非常可口。所以，大量的猪肉被用来炼油了。

有一次李世民的四子李泰到乡间慰问，入乡随俗在平民家大吃了一次猪肘子，但他觉得比较丢份，再三嘱咐手下不要外传，以免被皇兄皇弟们笑话。据历史记载，李泰"腰腹洪大"，长得圆圆滚滚的像一只熊，大概就是喜欢吃猪肉造成的。

相比之下，中唐的宰相，白居易的好友裴度就非常洒脱，他公开宣称："鸡猪鱼蒜，逢着则吃。生老病死，时至则行。"一副爱咋地咋地的态度。通过故宫博物院所藏的唐代文物陶胎黄釉卧豕，可以看出来，猪在唐代人的生活中也是占有一席之地的。

故宫博物院藏唐代陶胎黄釉卧豕

◉ 野味超丰盛

　　看到唐朝人吃牛肉和猪肉都不如现代人后，大家有可能觉得唐朝也不怎么神气，觉得在吃肉上还是我们更胜一筹。殊不知，唐人虽然杀牛有禁忌，吃猪不擅长，但他们有比我们更优越的地方，那就是野味超丰盛。

　　因为自然环境的改变，现在野生动物的保护问题越来越被重视，所以很多唐朝人可以大吃特吃的野味，现在都是国家保护动物，不能随便吃了。

　　本书"玩"第二章会说到，打猎是唐人很常见的娱乐活动，打猎过程中也收获了很多野味。所以什么熊掌、鹿肉、狍子、獐子、野羊、野猪、野兔、大雁之类，统统可以或烤或煮，大吃一顿，甚至吃上一顿老虎肉也是有可能的。

唐代鸭形罐

另外，唐人宴席上还经常能吃到骆驼肉，杜甫《丽人行》一诗中描写杨贵妃等人的穷奢极欲，也是说"紫驼之峰出翠釜，水精之盘行素鳞"，并没有提到牛羊猪肉之类。所谓山珍海味，就应该是这种不常见的吧。

韦巨源的烧尾宴食单（这个后面我们还要详细说）中，就记载了不少野味，如鹿肉、熊肉、狸肉、鹤肉之类。据《岭表录异》这本书记载，岭南当地的人连猫头鹰都吃，至于蛇、鼠、虫、刺猬、蜈蚣、蚯蚓这些东西，也照吃不误。看来广东人什么都吃是自古有之，所谓"毒蛇做羹，老猫炖盅，斑鱼似鼠，巨虾称龙，肥蚝炒响螺，龙虱蒸禾虫，烤小猪而皮脆，煨果狸则肉红……"

不过嘛，现在我们不提倡吃野生动物，所以就不详细说了，以免大家看了食指大动，心向往之，有诱人违法之嫌。

◉ 吃鸡不算大餐

鸡肉在现在，价格比猪、牛、羊肉要低得多，唐朝也是如此。当年家家户户院子大，空地多，一般都会散养一些鸡，用来下蛋吃

唐代阎立本《步辇图》中的唐太宗

肉。像孟浩然的"故人具鸡黍，邀我至田家"，鸡黍实在是太平常不过的农家饭。

《新唐书》记载了这样一段文字："（马）周每行郡县，食必进鸡，小吏讼之。帝曰：'我禁御史食肉，恐州县广费，食鸡尚何与？'榜吏斥之。"

意思是说马周当官后到下面的郡县巡视，每顿饭都要吃鸡肉（当时朝廷明文规定上级官员监察巡视时不准大吃大喝，用肉食招待），于是有人揭发马周。结果唐太宗说："我怕下面州县招待官员太过破费，所以不让吃肉，吃只鸡算什么？"于是把告状的人打了一顿。

由此看来，唐太宗固然有袒护马周的行为，但可见吃鸡肉在当时不算大餐。就像工作餐吃个鸡腿汉堡，算不上腐败对吧？不过有人根据这件事，就推断出唐朝吃鸡不算吃肉，也是不客观的。

古时肉类的贮存是个麻烦事，不像现在有冰柜，现成的猪牛羊肉能储备着。如果要杀羊、杀猪，也是件麻烦事——杀牛更是需要官方手续。而且杀了一只羊、一头猪，在没有冷藏设备的情况下，尤其像夏季，吃不完也是麻烦事。而捉只鸡杀来吃，普通人自己都办得了，而且一般能吃个干净，所以吃起来很方便。

像李白所写的"白酒新熟山中归，黄鸡啄黍秋正肥。呼童烹鸡酌白酒，儿女嬉笑牵人衣"，就是写的杀鸡吃酒时的快乐情景。

但吃鸡毕竟显得不隆重，所以《朝野佥载》中记载过这样一段话："深州诸葛昂，性豪侠，渤海高瓒闻而造之，为设鸡肫而已。瓒小其用。"也就是说诸葛昂杀鸡来招待这个叫高瓒的，高瓒嫌他小气。

当然除了鸡之外，鹅鸭也是唐人喜欢吃的，同样是《朝野佥载》中记载有武则天的内宠张易之弄了个大铁笼，"置鹅鸭于其内，当中取起炭火，铜盆贮五味汁，鹅鸭绕火走，渴即饮汁，火炙痛即回，表里皆熟，毛落尽，肉赤烘烘乃死"。

张易之派人制作了一个大铁蒸笼，里面燃着炭火，旁边放一个铜盆，盆里盛着五味汁。鹅鸭在铁笼中给烤得受不了，于是就不得不饮那盆调味汤汁，慢慢地鹅鸭被烤得毛落肉熟而死，而喝进的汤汁也渗到腹中，这样吃起来有滋味。

这样的吃法，对动物来说，是相当残忍的，所以大家都不怎么认同。所以张易之被杀死后，百姓把他的肉也割来吃了，人们说是他虐待动物的报应。

🏵 食有鱼，其实不难

唐代时的长安城其实不像现在这样缺水，当年有八水绕长安之说，所以对于唐人来说，吃鱼还是相当便利的。

大家看到这张图，马上就会说："哦，这是日料中的生鱼片！"其实，生鱼片这种吃法，也是日本当年从唐朝人那里学过去的。

唐朝人把生鱼片叫鱼鲙，要把鱼切成特别薄的肉片，所以刀法相当重要，"有小晃白、大晃白、舞梨花、柳叶缕、对翻蛱蝶、千丈线等名，大都称其运刃之势与所砍细薄之妙也"，"小晃白"等名称都是用来形容厨师运刀时的情形和所切鱼片细薄无比的奇妙。

明人李日华曾经转述说，他家里有本唐人所著的《砍鲙书》，第一篇就是说刀工，第二篇是辨别鱼的新鲜度，第三篇是佐料的用法，最后是烹调手段以及火候掌握。

唐诗之中，也屡屡可见这类的描写，如杜甫笔下的"敂化莼丝熟，刀鸣鲙缕飞"、柳宗元所写"炊稻视爨鼎，脍鲜闻操刀"、岑参的"砧净红鲙落，袖香朱橘团"等，都是描写砍鲙（生鱼片）时的情景。

白居易《轻肥》就曾经讽刺唐朝宦官生活奢侈腐败，而且当时江南大旱，饿得人吃人。该诗写道："樽罍溢九酝，水陆罗八珍。果

鱼片

擘洞庭橘，脍切天池鳞。食饱心自若，酒酣气益振……"这"脍切天池鳞"就是指切细的鱼片，这鱼不是一般的鱼，是天池中的珍贵鱼种。王维《洛阳女儿行》写一个嫁入豪门的美女，备受宠爱，也是说"侍女金盘脍鲤鱼"。看来唐朝的美食，鱼是大家比较推崇的餐中上品。

有人说唐朝因为皇帝姓李，所以不让吃鲤鱼，这是根据《酉阳杂俎》中的记载："国朝律，取得鲤鱼即宜放，仍不得吃，号赤鲜公，卖者杖六十，言'鲤'为'李'也。"

不过在很多的唐诗中，似乎好多人根本不在乎这一禁令，对鲤鱼照吃不误，像上面王维写的只是一例，其他还有白居易的诗《舟行（江州路上作）》"船头有行灶，炊稻烹红鲤"、《和微之春日投简阳明洞天五十韵》"女浣纱相伴，儿烹鲤一呼"等等，都是写吃鲤鱼的情况。看来这种法律也是时松时紧，也像禁止杀牛一样，对于达官贵人的约束力，明显不足。

当然了，假如你穿越到了唐朝，那里的菜馆可能不敢明目张胆地把鲤鱼放在菜谱上，而最常见的就是这样一些海产品：

— 鲈鱼 —

鲈鱼肉质坚实，洁白肥嫩呈蒜瓣状，细刺少、无腥味，味道鲜美，所以一直受吃鱼者的青睐。其中松江鲈，主要活动于江浙近海和淡水中，唐人将其当作鱼中珍品。

李贺有诗"鲈鱼千头酒百斛"，白居易说"犹有鲈鱼莼菜兴"，李颀夸"炊粳蟹螯熟，下箸鲈鱼鲜"，元稹赞"莼菜银丝嫩，鲈鱼雪片肥"……

— 鳜鱼 —

鳜鱼肉质细嫩，味道鲜美，刺少肉多，营养丰富，现在被评为四大名鱼之一，是有名的好吃鱼种。苏菜中的"松鼠鳜鱼"是非常有名的一道菜。

唐朝人对于鳜鱼也是十分喜爱，张志和《渔歌子》"西塞山前白鹭飞，桃花流水鳜鱼肥"广为流传就充分说明了这一点。许浑也有诗："明日鳜鱼何处钓，门前春水似沧浪"，韩偓有"肥鳜香粳小蒌艓"等句，充分说明了当时鳜鱼也是人人喜欢的盘中佳品。

—鲂鱼—

在武昌的长江一带所盛产的"团头鲂"，就是大名鼎鼎的武昌鱼。"才饮长沙水，又食武昌鱼"，武昌鱼的鲜美可口，那是有口皆碑的。从三国时人们就非常喜欢，唐人也不例外，像盛唐诗人岑参就有"秋来倍忆武昌鱼，梦著只在巴陵道"的诗句，独孤及也有"得餐武昌鱼，不顾浔阳田"，都是说武昌鱼好吃的意思。

—白鱼—

因为白鱼生长快，个体大，最大个的可以有 20 多斤，而且肉质白嫩，味美不腥，所以在隋朝时就被人们选为人工饲养的鱼种，也被唐人视为盘中美味之一。

诗圣杜甫诗中说："催纯煮白鱼"，中唐王建有诗"看炊红米煮白鱼"，晚唐的徐夤更是因为有人送了他新酿的酒和白鱼后，写了首《谢主人惠绿酒白鱼》来感谢人家："早起雀声送喜频，白鱼芳酒寄来珍……"

所以如果你穿越到唐朝，吃饭的时候点个白鱼尝尝，倒是不难的。

—鲫鱼—

鲫鱼由于食性广、适应性强、繁殖力强、抗病力强、生长快、对水温要求不高，所以十分常见。在唐朝时的江陵城，有一句民谣："琵琶多于饭甑，措大多于鲫鱼"，意思说琵琶比饭碗还多，穷书生比鲫鱼还多。从这里我们可以看出鲫鱼在唐时也是很常见的，是不怎么值钱的鱼种。

不过，虽然鲫鱼不怎么珍稀，但它的营养价值不低。古人认为鲫鱼汤是很有营养、滋补性很强的食物。《西阳杂俎》续集卷八记载，"浔阳有青林湖，鲫鱼大者二尺有余，小者满尺，食之肥美，亦可止寒热也。"

诗人杨巨源，有次收到朋友送来的鲫鱼脍——就是切成细片的鲫鱼，回诗答谢：

谢人送鲫鱼鲙

君家一箸万钱拚，分我银丝侑客欢。
芳饵得来珍丙穴，金刀落处照辛盘。
腹空羞迫诗肩瘦，鳞活能生酒面寒。
玉手行厨如许巧，说教鱼婢学应难。

—银鱼—

前面说过白鱼，现在著名的"太湖三白"，就是白鱼、银鱼和白虾。银鱼个头细小，但基本没有大的刺，吃起来十分方便，而且营养价值很高。

杜甫《白小》一诗，说的就是银鱼："白小群分命，天然二寸鱼。细微沾水族，风俗当园蔬。"这里诗人自注，说当地遇到禁食酒肉时，就用银鱼当蔬菜来解馋，故称"风俗当园蔬"。相比之下，白居易谪居江南期间，可能是吃腻了，他说："衣缝纰颣黄丝绢，饭下腥咸白小鱼。"

一虾一

刚才提到了虾，对于虾这种常见的美味，唐人当然也不会无视。在岭南一带，人们喜欢吃新鲜的活虾："南人多买虾之细者，生切绰菜兰香蓼等，用浓酱醋，先泼活虾，盖以生菜，以热釜覆其上，就口跑出，亦有跳出醋碟者，谓之虾生。"（出自《岭表录异》）

自古以来，人们对于体形庞大的龙虾更为感兴趣。唐人也可以捕到南海中出产的巨型龙虾，还是《岭表录异》中记载："海虾，皮壳嫩红色，就中脑壳与前双脚有钳者，其色如朱。"那这种虾大不大呢？《北户录》中说："红虾出潮州、番州、南巴县，大者长二尺。"按唐尺的刻度，算起来这虾也有60厘米左右，虽然称不上世界第一，但也是相当巨大的龙虾品种了。

当时苏州出产的紫虾也是唐人喜爱的食品，晚唐时的唐彦谦曾写过《索虾》一诗，向友人求此虾来大吃一顿，看他的描述，真让人垂涎三尺：

姑孰多紫虾，独有湖阳优。

出产在四时，极美宜于秋。

双钳鼓繁须，当顶抽长矛。

鞠躬见汤王，封作朱衣侯。

所以供盘餐，罗列同珍羞。

一螃蟹一

现在的人们提到美味，当然少不了螃蟹。每到中秋时分，大闸

明代仇英作《春夜宴桃李园图》

蟹上市后，实在是让人垂涎欲滴。

还是那个喜欢吃虾的唐彦谦，他对螃蟹也十分喜欢，有诗为证："漫夸丰味过蜉蝣，尖脐犹胜团脐好。充盘煮熟堆琳琅，橙膏酱渫调堪尝。一斗擘开红玉满，双螯哆出琼酥香。岸头沽得泥封酒，细嚼频斟弗停手。"大吃二喝的情景，写得我们都馋了。

杜牧做官时来到吴兴（湖州），曾有诗："越浦黄柑嫩，吴溪紫蟹肥。"秋天的螃蟹品质最好，这地球人都知道，唐朝人当然也知道，皮日休说"蟹因霜重金膏溢"，殷尧藩说"紫蟹霜肥秋纵好"。

对海蟹，唐人也十分看重，白居易在赴滑亳节度使令狐彰豪华宴会时曾和诗一首，说"陆珍熊掌烂，海味蟹螯咸"，海蟹螯足和熊掌并说，可见在交通不发达的唐代，海蟹显得更为珍异。

《岭表录异》卷下记载，岭南有一种"黄膏蟹"，说是"壳内有膏如黄酥，加以五味，和壳煿之，食亦有味"。就是说这种蟹黄和酥油一样，加上佐料，直接用火一烤，吃起来很香。更有一种赤蟹——"壳内黄赤膏如鸡鸭子黄，肉白，以和膏，实其壳中，淋以五味，蒙以细面，为蟹饦"，就是把赤蟹的膏黄和肉填在壳中，浇上调料汁，再用面裹在外面，类似于蟹黄包，其味"珍美可尚"。

对于现在我们称为梭子蟹的，唐人叫作"蟛蜞"。《云仙杂记》卷五记载："鹿宜孙食蟛蜞，炙于寿阳瓮中，顿进数器"，也就是说这个叫鹿宜孙的人，喜欢吃梭子蟹，在寿阳碗中烧烤后，一顿能吃好几碗。

唐人吃蟹，还有一种比较特别的吃法，就是吃"糖蟹"，把螃蟹用糖腌制后再食用。对于此，陆游在他的《老学庵笔记》中武断地认为，糖蟹就是糟蟹，和糖没有半毛钱的关系，是误写误传。他的依据是原来中国不会制蔗糖："沙糖，中国本无之。"

其实不然，唐人段成式的《西阳杂俎》中，曾详细记载了唐人制作"糖蟹"的方法，其中说："……先煮薄糖，著活蟹于冷糖瓮中一宿。煮蓼汤，和白盐，特须极咸。待冷，瓮盛半汁，取糖中蟹内著盐蓼汁中，便死，泥封。"所谓薄糖，就是指粮食经发酵糖化而制成的食品，笔者小时候称为"糖稀"的那种，麦芽糖的成分居多，但一样也有甜味。由上面记载可见，糖蟹确实是有甜味的。正像豆腐脑有南甜北咸，粽子有南咸北甜之分，这螃蟹好像有古甜今咸之分。

其他诸如蛙肉、龟肉、鳖肉以及贝螺、蛤蜊等等，也是唐人的盘中美食，甚至像现在珍稀的一些物种，如鳇鱼（长江鲟）之类的保护动物，在唐朝也是大吃不误的。

第二章

南米北面：唐人的日常主食

北方地区以面为主，南方地区以米为主，这样的饮食习惯在唐代也是有的。当时的『首都』长安城，因为处于北方地区，所以面食还是占了主导地位。在唐代的文献中，面食是占大多数的，当然像雕胡饭、清风饭之类的米食也是有记载的。

◉ 饼子加馎饦　点心也很多

北方地区以面为主，南方地区以米为主，这样的饮食习惯在唐代也是有的。当时的都城长安，因为地处北方地区，所以面食还是非常流行的。电视剧《长安十二时辰》中，就出现过不少吃饼的画面。

我们现在的面食类，比如烧饼、馒头、煎饼、面条之类，在唐代人口中，统一称为"饼"，上笼蒸的叫蒸饼，汤里的面片叫汤饼，锅上煎的叫煎饼，炉子里烤的叫胡饼——之所以不叫烤饼或烧饼，是因为最早是从西域胡人那里传过来的手艺。

下面这张图中的彩俑，是新疆博物馆收藏，1972 年出土的唐代文物。这一组彩俑，由春米女俑、簸粮女俑、推磨女俑、擀饼女俑

唐代彩绘劳作女俑（1972 年吐鲁番市阿斯塔纳 201 号墓出土）

四个人组成，再现了当年唐代人的饼食制作过程。

— 蒸饼 —

在古代，人们一开始是不会发面的。东汉时期，还常有人吃麦饭时消化不良，但三国以后，人们逐渐掌握了发面技术，于是面饼就变得香软可口了。《晋书·何曾传》中记载，何曾生活极为奢侈，他"食日万钱，犹曰无下箸处"——一天花费上万钱吃饭，还说没有能下筷子的菜，而且"蒸饼上不坼作十字不食"，所谓"坼作十字"，就是指我们现在蒸的"开口笑"那种馒头。

由此也可以看到，因为当时发面技术刚诞生，还不怎么普及，所以"开口笑"的馒头算是一种"珍稀食品"，一般老百姓可能享受不到。不然的话，想吃个发面馒头又怎么算得上奢侈行为呢？

从这里我们也可以知道，蒸饼就是这种上笼蒸的面食，其实就类似于我们现在的馒头。而蒸饼到了北宋时，因为避讳宋仁宗赵祯的名字，就改为了炊饼。所以武大郎挑着担子卖的炊饼，应该是类似现在的馒头，并不是烧饼，也就是我们后面要说的胡饼。

在唐代，蒸饼花样也越来越繁多，人们在其中加入酥油、茴香、蜜糖之类，甚至有各种馅料，类似于现在的包子。

《清异录》中写到唐德宗的早餐吃的就是带馅的蒸饼，类似小包子："今日早馔玉尖面，用消熊、栈鹿为内馅，上甚嗜之"——玉尖面，指的是尖形蒸饼；"消熊"就是最肥的熊（熊之极肥者曰"消"），栈鹿则是宫内用双倍饲料喂养的鹿，所以它们的肉都是很好吃的。

可想而知，熊鹿两种肉、有肥有瘦搭配出来的包子，恐怕比现在的天津狗不理、开封第一楼的包子还要味美。

据记载，武则天时期还有一个倒霉的官儿，因为管不住嘴，贪吃蒸饼丢了官，这个人叫张衡（不是东汉地动仪发明者）。他身穿官服退朝途中，看到蒸饼新熟，香气四溢，于是馋得不行，当下买了一枚，骑在马上大吃起来，结果被负责百官风纪的御史知道后，就当成严重的过失汇报给了武则天。

这个张衡马上要提拔到三品官了，但听说他有失官仪，武则天当时就下令把他从提拔的名单中剔了出去，说"流外出身，不许入三品"。于是吃饼丢官这件事，一时传为了笑柄。

《朝野佥载》中记载，长安城里有个叫邹骆驼的，原来很穷，"常以小车推蒸饼卖之"，看起来是个像武大郎一样的人。不过这个邹骆驼命比较好，他推着蒸饼上街时，经常在胜业坊这个街角翻车，把蒸饼撒在地上，沾的全是土。仔细一看，这个地方有几块砖翘了起来，正好挡了路。有过这么几次翻车经历后，邹骆驼气坏了，于是找来铁锹把砖挖开，结果发现土下面有一个瓷瓮，里面装了黄金数斗，于是邹骆驼一下子成了富翁。

—— 胡饼 ——

在唐朝，最常见的街头小吃就是胡饼，国际性大都市长安城中，有不少来自西域的胡人，他们高鼻深目，长着络腮胡子，但手艺真不错，烤制的胡饼香脆可口。

著名农学家贾思勰撰写的《齐民要术·饼法》中记载："髓饼法：以髓（骨髓）脂（动物油）、蜜合和面，厚四五分，广六七寸。便著胡饼炉中，令熟。勿令反覆。饼肥美，可经久。"

从这个资料看，胡饼中混合了猪油、蜜糖，烤熟了一定是又香又甜。今日"肉夹馍"已成为陕西名小吃，这个肉夹馍类的食物在唐朝也是有的。《唐语林》卷六记载："时豪家食次，起羊肉一斤，层布于巨胡饼，隔中以椒豉，润以酥，入炉迫之，候肉半熟食之，呼为'古楼子'。"我

1972 年吐鲁番市阿斯塔纳墓出土的
唐代胡饼（小馕）

们看这种叫作"古楼子"的肉烧饼，用了一斤羊肉，加以花椒、豆豉等调料，抹上油脂，然后烤到半熟，这不就是现在的烧饼夹肉吗？不过唐人一贯豪横，这个用肉量达一斤的巨型"肉夹馍"，饭量一般的同学还真吃不下。

长安城中，辅兴坊有家胡饼店十分有名，白居易后来被贬出京城，先到了九江，好久没有吃到胡饼。后来他升了官，调到四川忠州，结果惊奇地发现这里也有做胡饼的。于是他大吃几枚后，又买了一些寄给在万州做刺史的朋友杨敬之，并写了一首诗说："胡麻饼样学京都，面脆油香新出炉。寄与饥馋杨大使，尝看得似辅兴无。"

诗中所写的胡麻饼，类似于现在的芝麻油酥烧饼，因为芝麻是张骞通西域时带过来的，所以称胡麻。为了让朋友也尝尝胡饼，白居易不惜几百里"快递"过去（当时有驿站，像白居易这样级别的官员可以使用官驿这种资源来传递物品），由此可以看出唐人对胡饼的喜爱。

盛唐时的宰相刘晏五鼓时上早朝，半路上见卖胡饼的，当下就忍不住那香味，派下人买了一枚后，也顾不得宰相的尊严，"以袍袖包裙帽底啖之"，一边吃一边还赞不绝口，说："美不可言，美不可言。"之所以遮遮掩掩，藏起来吃，大概是汲取了前面我们所说的张衡吃饼丢官的教训吧。

胡饼因为是烤制而成，比一般的干粮更容易保存，所以一度还成为军粮或是旅途中紧急时充饥的食品，充当了压缩饼干或方便面的角色。安史之乱中，唐玄宗仓皇西逃，到了晌午还未进食，杨国忠专门去市集上买了些胡饼，献给玄宗充饥。

一个来中国留学的日本僧人圆仁，曾记载："开成六年正月六日，立春，命赐胡饼、寺粥。时行胡饼，俗家皆然。"开成是唐武宗的年号，也就是说这年立春这天，唐武宗下令赏赐的东西正是胡饼。

胡饼在长安，一度相当普及。有长长的丝绸之路连接着中亚、西亚，作为国际化大都市的长安城，吸引了大量的西域胡人来定居，胡饼也成为最常见的食品。估计李杜元白这些唐代诗人，个个都没少吃过。

著名的唐传奇小说《虬髯客传》中曾写道："曰：'煮者何肉？'曰：'羊肉，计已熟矣。'客曰：'饥。'公出市胡饼，客抽腰间匕首，切肉共食。"这里说李靖买来胡饼，虬髯客就着羊肉大吃了一顿，正像《天龙八部》里写乔峰一样："可见他便是吃喝，也是十分的豪迈自在。"

网上不少地方都转述这样一个故事，说是《廷尉决事》中记载唐时一个叫张桂的人，因胡饼做得好吃，竟因此被封了兰台令这样的官。不少人甚至大发感慨，说什么"炊而优则仕"，其实这纯属误读！这则记载见于《古今图书集成》，其中说"张桂私卖胡饼，后为兰台令"，这只能说张桂（此人是否唐朝人，还是个疑问）早年卖过胡饼，后来当上了官，并不能说他是因为卖胡饼而得官，正如刘备早年卖过草鞋，你能说他后来当皇帝是因为草鞋卖得好吗？

原来是卖饼的人，后来却当上官的，在唐朝还有例子，这人叫侯思止，大字不识一个，武则天时他是靠告密当上的官，并不是因

清代任颐《风尘三侠图轴》

为饼卖得好。

—汤饼—

熟知唐朝历史的人，都知道史书有记载唐中宗李显就是喝了一碗韦后和安乐公主进献的汤饼后，就一命呜呼了。所以李隆基等人剪除韦后一党时，就说是汤饼中下了毒，韦后和安乐公主成为杀夫、弑父的凶手。

先不论这件事是否可疑，那中宗吃的汤饼是什么样子呢？汤饼其实并不像饼，更像是面条。汤饼又称索饼、不托、馎饦等，是又大又宽的面条在汤水中煮熟后拿来吃的，有点类似现在一些地方叫作"猫耳朵"的汤面，面的宽度和现在的裤带面有一拼。

正像现在的面条里往往会有葱花等各种味料一样，唐朝也有各种调料往里放，比如什么葱花啦，姜蒜啦，另外还有猪油啦、鸭肉、鸡肉、羊肉啦。至于辣椒油，不好意思，唐朝当时没有，当时的人是用茱萸来替代。正如李颀诗中所说："菊花辟恶酒，汤饼茱萸香。"

由于汤饼适合添加丰富的佐料，又很容易消化，所以注重食疗同源的唐代人，就发明了很多既能食补又能药补的汤饼种类，像中晚唐时的妇产科学家昝殷就在他的《食医心鉴》一书中记有羊肉索饼、黄雌鸡索饼、榆白皮索饼、丹鸡索饼等多种食谱，这些食物对产后虚弱的女人大有补益。

唐人冯贽的《云仙杂记》一书中曾记载过，有一群文人在大雪之后对景感慨，一个叫尚隆之的人说："面堆金井，谁调汤饼。"而另一个叫吴永素的人说："玉满天山，难刻佩环。"一般人都觉得吴永素说得更高雅，胜尚一筹，但我却觉得，尚隆之虽然有吃货本色之嫌，但却发自真情，看到大雪像白面一样，堆满井畔，有面有水，正好能做成一碗热腾腾、香喷喷的汤饼，岂不甚好？在凛冽的寒冬，没有什么烦恼是一碗汤饼解决不了的，一碗不行就两碗。

《唐会要》中曾记载光禄寺这个机构的职责："冬月，量造汤饼及黍臛，夏月冷淘、粉粥。"所以，汤饼在冬天是唐朝人心中的一份温暖，这事是假不了的。

当然，大暑天里，再吃热汤饼就不合时宜了，所以上面也提到了"冷淘"，所谓冷淘就是类似我们现在的凉面，就是把汤饼捞出来，在冷水中过一下。杜甫曾有《槐叶冷淘》一诗，写道："青青高槐叶，采掇付中厨。新面来近市，汁滓宛相俱。"也就是说和面时将槐叶捣成汁泥状加入面中，煮熟后冷淘。这样的面使人感觉"经齿冷于雪"，实在很适合在夏天吃。

除了我们重点提的这些饼，唐朝人还有油炸的煎饼，摊成的薄饼，《江南余载》记载有鹭鸶饼、云喜饼、去雾饼、蜜云饼，《酉阳杂俎》卷七记载有五色饼、皮索饼、肺饼等等。应该说凡是现代人能想到的面食，唐朝基本上也都有。

—各色点心—

1. 糕

又甜又软的点心，唐代人都以糕相称。韦巨源那个"烧尾宴食单"中点心就有水晶龙凤糕、花折鹅糕、紫龙糕等等。

其中的"水晶龙凤糕"，又称为甑糕，现在陕西关中地区还在流行。这种点心以糯米、红枣为原料，相间叠放，加上白糖，铺上三四层，蒸熟之后色泽鲜艳、红白相间，黏甜味美。《云仙杂记》中记载有软枣糕，估计也与之类似。

《清异录》一书中说晚唐五代时有个人，因为开糕作坊发了财，后来竟花钱买了个员外郎做，所以人们都唤他"花糕员外"。这家的糕品类很多，口味很好，有满天星（金米）、糁拌（夹枣豆）、金糕糜员外糁（外有花）、花截肚（内有花）、大小虹桥（晕子）、木蜜金毛面（枣狮子）等等，听起来就很好吃，令人生涎。

2. 粔籹（jù nǔ）

这个名词现在大家可能觉得比较生僻，其实早在《楚辞·招魂》中就有"粔籹蜜饵"这样的说法。现在日本东京浅草雷门还在出售一种叫"雷粔籹"的糕点，估计就是当年从唐朝学去的。

现在的"雷粔籹"的做法是："先将米粒蒸煮，然后混合麦芽糖、坚果等，味道甜而口感松脆"，感觉有点像沙琪玛。

不过据南北朝时期贾思勰所著的《齐民要术·饼法》中说："膏环，一名粔籹。用秫稻米屑水蜜溲之，强泽如汤饼面。手搦团，可长八寸许，屈令两头相就，膏油煮之。"

由上面的叙述可知，粔籹应该是用蜜和米面，搓成细条，组之成束，扭作环形，用油煎熟，这样的食品，有人说是馓子，但我觉得也许像是麻花。

在唐朝，这个又称寒具。什么意思呢，就是古时寒食节时严禁生火，大家没法做饭，于是提前准备一些食品。像类似麻花的粔籹，当作充饥的点心是再合适不过，于是叫作寒具——寒食节准备的东西。

3. 䭔子

唐朝还有一种听起来很像油炸元宵的点心，它是圆形面食。敦煌文书中曾记载"䭔子，……付面一斗八升，油一升半，粟一斗"，看来是炸出来的。但从"粟一斗"来看，用的面类似于现在的黄面。

《太平广记》引《卢氏杂说》记载，冯给事帮助老官人尚食局令见到了宰相，老官人为了感谢他，要去他家中献艺。请冯给事提前准备大台盘一只、好麻油一二斗、南枣烂面少许等等。老官人"取油铛烂面等调停。袜肚中取出银盒一枚，银篦子银笊篱各一。候油煎熟，于盒中取䭔子馅，以手于烂面中团之。五指间各有面透出。以篦子刮却，便置䭔子于铛中。候熟，以笊篱漉出，以新汲水中良久，却投油铛中，三五沸取出，抛台盘上，旋转不定，以太圆故也。其味脆美，不可名状。"

从上面的手法和过程来看，就是和好面，等油煎熟了，把馅儿放到和好的面里，至于从手指缝中透出去的面，用银篦子刮掉，然后放热油里煎。熟了用银笊篱捞出来。放在新打来的水中凉凉。然后捞出来再炸，炸三五次后取出来。这样做出来的食物，把它扔到盘子上，会转个不停，为什么呢？太圆了。味道是"其味脆美，不可名状"，口感爽脆甘美，好吃得不得了。

当然唐朝人也发明了各种式样口味的䭔子，《酉阳杂俎》有樱桃䭔，《食谱》有火焰盏口䭔、金粟平䭔，所谓的"平䭔"，有可能形状有改变，类似炸糕之类。

4. 饆饠

饆饠，是一种包馅的面食，究竟是什么样子，历来也众说纷纭。"饆饠"两字，听起来像外来食品。有说法是从波斯传来，"饆饠"两字为音译。但唐朝人李济翁写的《资暇集》中说道："毕罗者，蕃中毕氏、罗氏好食此味，今字从食，非也。"是说有姓毕姓罗的人喜欢吃这种东西，所以就叫毕罗了，因为是一种食物，所以后来人们自行加上了食字旁。但这里也说毕氏、罗氏是"蕃中"（少数民族）的人，所以这种面食说是外来食品也是有道理的。

《西阳杂俎》中多次提到长安城里有饆饠肆和饆饠店，还有"与客食饆饠计二斤"等说法，这本书还写有"韩约能作樱桃饆饠，其色不变"。韦巨源的烧尾宴食单里有天花饆饠，《北梦琐言》卷三有苦荬饆饠，《东京梦华录》载："淋以五味，蒙以细面，为蟹毕罗，珍美可尚"，所以可知饆饠有馅，可咸可甜，这点大家是公认的。

根据上面的资料，我觉得有人把饆饠当作"抓饭"，还是缺乏佐证的。

但饆饠到底是什么形状呢？这就是分歧所在了。

有人说，饆饠是一种馅饼，圆圆的形状。依据是唐人写的《玉篇》中写道："饆饠，饼属。用面为之，中有馅。"既然是有馅的面饼，一般都是圆圆的形状，所以可以看作糖饼、菜饼、肉馅饼之类。

日本研究者写的《日本食物史》一书中记载了很多从唐朝学来

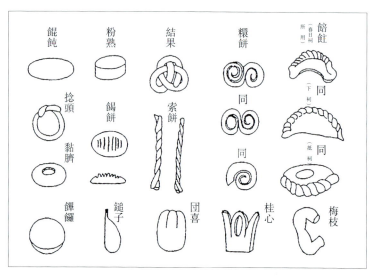

《日本食物史》唐菓子

　　的点心，名为"唐菓子"，其中"饆饠"的形状就是圆团团的模样。

　　《太平广记》记载："翰林学士每遇赐食，有物若毕罗，形粗大，滋味香美，呼为'诸王修事'。"有人据此分析说既然有"形粗大"之说，应该类圆柱体面食点心，所以就将其归为卷饼或春卷类的食品。但我觉得分析者忽略了一个字，就是原文中说的是"有物若毕罗"，这个"若"字给忽略了，也就是说这种食品很像饆饠，所以应该是饆饠的一种变形，故不能将这个"形粗大"的食品和饆饠画等号。

　　当然，也不排除饆饠也可以有多种多样的形状，正像我们现在的馒头，有圆而扁像门钉的，也有高而尖像炮弹的，还有方方的，

1972 年新疆吐鲁番郊外阿斯塔纳古墓群出土的唐代面点

像砖头的，所以馎馃的形状也未必就是一种。

　　大家看这一组图，这是真实的唐代面点的实物，因为它们出土于吐鲁番的阿斯塔纳古墓，长期的干燥脱水环境，使这些点心千年不腐。

　　有人可能看到中间小碗中的食品，不禁眼前一亮："这不就是我们现在吃的水饺吗？"

　　是啊，看形状实在是太像我们现在的水饺了，不少资料也都以"唐代水饺"来称呼它，不过前面《日本食物史》一书中记载的"唐菓子"图样中，可以看到也有类似饺子的东西，被称为馄饨。

　　阿斯塔纳古墓中的"饺子"有馅没馅，如果有馅是什么馅？菜？肉？还是果酱、糖之类？由于文物的珍贵稀缺性，我们现在也不能掰开一个看看，所以这还是个谜团。相信随着科技的进步，这碗食品到底是饺子还是点心，有一天终将真相大白。

◎ 雕胡与胡麻　清风加桃花

　　我们国家北方中原地区多是小麦区，南方多水为稻米区，唐朝也不例外，生活在南方的唐朝人当然也是以稻米为主食的。这里就介绍一下唐朝几种比较独特的米饭。

—雕胡饭—

　　"我宿五松下，寂寥无所欢。田家秋作苦，邻女夜舂寒。跪进雕胡饭，月光明素盘。令人惭漂母，三谢不能餐。"

　　这是李白很有名的一首诗《宿五松山下荀媪家》，诗句明白如话，没有太白平素狂放不羁的气度，没有金樽清酒、玉盘珍馐的奢华。但是却十分感人，因为李白对公侯狂傲，却对一个普普通通的农家荀媪存着恭敬感谢之恩，李白的人品之高尚由此可见。

　　诗中提到的雕胡饭，在唐朝是一种口感极好的优质米饭，对贫苦农家来说极为难得，像元稹有诗："琼杯传素液，金匕进雕胡"，所以李白吃到雕胡饭十分感动。雕胡也叫菰米，杜甫《秋兴》诗有"波漂菰米沉云黑"这样的句子。查资料可知菰的生长习性类似芦苇，是一种水中或沼泽中的多年生草本植物。

　　可是，唐代之后，菰米就几乎从人们的餐桌上消失了，这是为什么呢？据说，自宋代开始，菰受到一种真菌类生物的影响，这种叫作菰黑粉菌的东西侵染植株后，菰的幼茎就长出一种纺锤形肥大而鲜嫩的部分，现代人称为茭白。这种东西，对于菰来说，似乎是一种"肿瘤"，有了这样的病变后，它就不再结菰米了。

　　不过，人们发现茭白也可以食用，还挺好吃，干脆就把它当成了蔬菜，所以就乐于让菰结出茭白，于是菰米就越来越少，慢慢就消失了。

　　再者，相比于水稻，菰米的成熟时间和其并不一致，采收麻烦，结籽后，还很容易自行脱落，所以收获不便。

　　不过，唐人对菰米（雕胡）饭还是情有独钟的。王维说："雕胡先晨炊，庖脍亦云至。"杜甫更是写："滑忆雕胡饭，香闻锦带羹。溜匙兼暖腹，谁欲兼杯罍。"诗题为《江阁卧病走笔寄呈崔、卢两侍御》，卧病之中，诗圣最想念的是那又香又软的雕胡饭。

━ 胡麻饭 ━

胡麻就是芝麻，现在芝麻一般都是磨成芝麻糊，或者撒在面饼或点心上吃。但唐朝人却经常把芝麻蒸出来当主食，像大米饭一样。当然也有人说，不是完全是芝麻蒸的，那样毕竟太油腻，而是将上好的糯米加水浸泡后再蒸熟，并捣烂揉成小团，再拌上芝麻、白糖等，这叫作胡麻饭。

《搜神记》里讲天台二仙女招待刘晨、阮肇两位帅哥的就是"胡麻饭、山羊脯"，所以在唐朝人眼中，这是一种很高级的饭，有"神仙饭"之称。

王维到玉真公主山庄时，曾写下"御羹和石髓，香饭进胡麻"之句，夸赞玉真公主的高贵脱俗，有天仙之感。

由于是"神仙饭"，所以一些隐士也喜欢吃这种饭，比如同样是王维诗中所说"山中无鲁酒，松下饭胡麻"，就是描写一种隐逸的生活状态。而牟融的《题道院壁》也说："神枣胡麻能饭客，桃花流水荫通津"，所以胡麻饭，可说是"高雅"的代名词。

━ 清风饭 ━

这种饭和前面说的冷淘面一样，都是暑热之时吃的。宋代的陶谷曾在《清异录·馔羞》中记载："宝历元年，内出清风饭制度，赐御庖，令造进。法用水晶饭、龙睛粉、龙脑末、牛酪浆，调事毕，入金提缸，垂下冰池，待其冷透供进，惟大暑方作。"

也就是唐敬宗时，宫廷里发明了这种清风饭。现在我看网上好多资料误写为唐文宗，因为宝历这个年号，唐文宗刚登基时也在用，但要注意这是宝历元年，当政的皇帝是唐敬宗。而且唐文宗是个勤俭的好皇帝，清风饭这样比较奢侈的东西，应该属于喜欢享受的昏君唐敬宗。

唐代白玉莲瓣纹碗

我们看这"清风饭"，除了选用优质稻米做成水晶饭外，还加了龙睛粉（有人猜测是琼脂类）、龙脑末（冰片）、牛酪浆（奶酪类）等调料，然后在当时最难的是放进冰池里冷冻一番。唐代没有制冷技术，冰池是在数九寒天时取了大块的冰，放在地窖中储存得来。所以一般人很少有这样的条件，就是皇室中的冰，也是有数的。所以，这"清风饭"才显得格外珍贵。

右上图是唐代文物白玉莲瓣纹碗，我觉得是非常适合盛装这种清风饭的，吃起来大有嚼冰吞玉的感觉，贵气逼人，实在惬意。

一桃花饭一

桃花饭，听起来就很优美，这是一种呈红、白两色，有如桃花的米饭，做法是以梅红纸盛饭，润湿后去纸，搅拌和匀而成的一种红白相间的饭。不过，现在的梅红纸可能和古代时的制作工艺不一样了，古时没有化学染料，都是一些天然植物染料，将纸上的红色染到米饭上，倒也无妨，但现在的化学染料是不能食用的，所以我们不能依样画葫芦制作桃花饭。

以上的做法，相传是苏轼写的《物类相感志》中说的。在唐人的诗句里，也时常见到"桃花饭"的字样，比如李群玉诗中说"倚棹汀洲沙日晚，江鲜野菜桃花饭"，而皮日休则说"桐木布温吟倦后，桃花饭熟醉醒前"，都是说的这种饭。

当然，除上面所说的之外，唐人也经常吃小米饭，把小米像大米一样蒸了吃，所谓的黄粱美梦，就是说的小米饭。杜甫的"夜雨剪春韭，新炊间黄粱"，也是说的这个。穷人有的还吃麦饭，就是麦粒直接蒸了吃，甚至吃橡实，如张籍《野老歌》所写："老农家贫在山住，耕种山田三四亩。苗疏税多不得食，输入官仓化为土。岁暮锄犁傍空室，呼儿登山收橡实。"不过对于现在营养过剩的人来说，偶尔吃点橡子面的制品，倒也能换换口味，但长年累月地当主粮，那人就受不了啦。

第三章

大唐的国宴菜单

现存的烧尾宴食单，就是韦巨源

在景龙二年（公元 708 年）被擢升为

尚书左仆射（相当于宰相）后，筹办

宴请唐中宗的菜单。由于是宰相请皇

帝，这桌宴席可以说代表了唐朝的国

宴水平。现在保存下来的菜单有五十

多种食物，虽然已不是『全豹』，但足

以让我们看得眼花缭乱，口中流涎。

✺ 大唐的国宴——韦巨源烧尾宴

"烧尾宴"是什么意思呢？是烧羊尾、牛尾来吃吗？不是的，烧尾宴其实是一种答谢宴。读书人登科之后，往往要办桌酒宴庆贺一番，称之为烧尾。为什么这样叫呢，说法也是有好多种。

一说新羊入群，群羊欺生，屡犯新羊，而只有将新羊尾巴烧掉，新羊才能安生，融入新的团队中。也有的说老虎变人，尾巴犹存，只有将其尾巴烧掉，老虎才能真正变为人。再就是说有鲤鱼跃龙门，天火（雷电）将其尾烧掉后，才能跃过龙门。

不管怎么说，反正这"烧尾宴"就是庆祝自己改变了身份、脱胎换骨的喜宴。用现在的话说，就是解锁人生新体验，开始人生新旅程。后来不仅是新科进士要举办，官员被提拔升职时，往往也会办烧尾宴答谢皇帝。

像现在保存下来的韦巨源烧尾宴食单，就是韦巨源在景龙二年（公元 708 年）被唐中宗升为尚书左仆射（相当于宰相）后，筹办来宴请唐中宗的菜单。

由于是宰相请皇帝，这桌宴席可以说代表了唐朝的国宴水平，现在保存下来的菜单有五十多种食物，虽然已不是"全豹"，但足以让我们看得眼花缭乱，口中流涎。

我们来看一下，都有什么好吃的：

1. 单笼金乳酥（是用独隔通笼蒸成的酥油饼）

2. 曼陀样夹饼（炉上烤成的形如曼陀罗果的夹饼）

3. 巨胜奴（用酥油、蜜水和面炸成，然后撒上芝麻）

4. 贵妃红（色泽鲜艳的酥饼）

5. 婆罗门轻高面（用古印度烹法制成的笼蒸饼）

6. 御黄王母饭（浇盖各种肴馔的黄米饭，好似现在的盖浇饭）

7. 七返膏（做成七卷圆花的蒸糕）

8. 金铃炙（做成金铃状的酥油饼）

9. 光明虾炙（煎烤鲜虾）

10. 通花软牛肠（用羊膏髓做拌料、牛肠为肠衣灌制的香肠）

11. 生进二十四气馄饨（二十四种花形馅料各异的馄饨）

12. 生进鸭花汤饼（做成鸭花形状的汤饼，属花式面条一类）

注：上面的"生进"，是指上面的食物要现吃现煮，以保证

口味。

13. 同心生结脯（打成同心结的式样后风干的肉脯）

14. 见风消（一种油饼，据说是烤熟后当风晾干，以猪油炸成）

15. 冷蟾儿羹（冷食蛤蜊肉羹）

16. 唐安锭（发面开花饼。唐安为地名，此饼为当地特产）

17. 金银夹花平截（蟹肉蟹黄卷入面饼，横截面有黄白色花斑）

18. 火焰盏口䭔（上部为火焰形，下部似小盏状的糕点）

19. 水晶龙凤糕（红枣点缀的米糕）

20. 双拌方破饼（拼合为方形的双色饼）

21. 玉露团（酥饼）

22. 汉宫棋（双钱形印花的棋子面）

23. 长生粥（一种粥，具体配料不详）

24. 天花饆饠（即前面说过的夹心馅饼类食品）

25. 赐绯含香粽子（蜜淋并染成红色的粽子）

26. 甜雪（以蜜浆淋制的甜脆点心）

27. 八方寒食饼（八角形面饼，因寒食节备来充饥，故有此称）

28. 素蒸音声部（七十个用面蒸成的歌人舞女）

29. 白龙臞（鳜鱼片羹）

30. 金粟平䭔（前面说过，油炸的食品，有点像汤圆）

31. 凤凰胎（用鱼白和母鸡尚未生出的鸡蛋烹蒸成）

32. 羊皮花丝（拌羊肚丝，肚丝切成一尺长）

33. 逡巡酱（鱼肉和羊肉加酱制成）

34. 乳酿鱼（乳酪腌制的全鱼，不用切块，整条献上）

35. 丁子香淋脍（淋上丁香油的鱼脍）

36. 葱醋鸡（鸡腔里放葱醋等佐料，笼蒸而成）

37. 吴兴连带鲊（吴兴的鱼鲜，有人考证类似寿司）

38. 西江料蒸蟇肩屑（蒸猪肩肉的碎屑，用西江出产的调味料调制）

39. 红羊枝杖（炖羊蹄、红烧羊蹄之类）

40. 升平炙（羊舌、鹿舌烤熟拌合一处，达 300 枚）

41. 八仙盘（剔骨后的肥鹅，共 8 只）

42. 雪婴儿（青蛙剥净，裹上精豆粉，白如雪，形似婴儿）

43. 仙人脔（也叫乳瀹鸡，即奶汤炖鸡）

44. 小天酥（鸡肉和鹿肉拌米粉油煎而成）

45. 分装蒸腊熊（蒸熊肉干）

46. 卵羹（兔羹）

47. 清凉膳碎（狸肉凉羹）

48. 箸头春（切成筷子头大小的油煎鹌鹑肉）

49. 暖寒花酿驴蒸（烂蒸糟驴肉）

50. 水炼犊炙（牛犊肉，大火煮烂后再烤）

51. 格食（羊肉、羊肠拌豆粉煎烤而成）

52. 过门香（各种原料入沸油急炸而成的食品）

53. 红罗钉（油煎血块）

54. 缠花云梦肉（肘花类，将肘肉卷缠好煮熟，切片凉食）

55. 遍地锦装鳖（用羊脂和鸭蛋清炖甲鱼）

56. 蕃体间缕宝相肝（装成宝相花形的冷肝拼盘，拼堆七层）

57. 汤浴绣丸（用鸡蛋和肉做成的大肉丸，类似狮子头）

我们看，其中最独特的就是素蒸音声部，所谓"音声部"就是唐朝的合唱团，这里将唐朝的"歌舞天团"的形象做成了 70 个小面人。这些面人有的吹笛，有的弹琴，有的起舞，有的高歌，一个个惟妙惟肖，十分惹人喜爱，可见唐朝的食雕及面塑艺术达到了极高的水平。

当然，这 70 名漂亮的小姐姐属于"看菜"，就像现在用萝卜、冬瓜之类雕成的灯笼、凤凰、龙头、长城之类，是不适合吃的。而且，当众一口咬掉一个小姐姐的脑袋，这场景也有些煞风景，这还是大唐国宴吗？与会者也好似《西游记》中吃人肉的妖魔鬼怪。

除了这一样，其他看起来都是可以吃的美味佳肴，除了鸡、鸭、鹅、鹌鹑外，牛肉、羊肉、猪肉、熊肉、兔肉、狸肉、鹿肉、驴肉等应有尽有。飞禽走兽有了，水里的也少不了，像鱼、蟹、虾、鳖、蛤、蛙等也是种类繁多，可谓山珍海味齐全。

除了荤腥类，就是面食糕点了，我们看糕、饼、酥一类的食品就有 19 种之多，像什么单笼金乳酥、曼陀样夹饼、水晶龙凤糕等，都是这一类。

唐代时，喜欢用金银作器皿，以下是出土的一些文物，可想而知，当年的大唐国宴上，这些美味佳肴用光灿灿的金碗盛着端上桌时，是多么地动人心魄，令人震撼。

鸳鸯莲瓣纹金碗（西安何家村出土）

鎏金双狐纹桃形银盘

鎏金宝相花纹银盖碗

鹿纹十二瓣银碗

鎏金飞廉纹六曲银盘（西安何家村出土）

狮纹金花银盘

⊕ 蔬菜不出色　水果很珍稀

看了上面的大唐国宴——韦巨源的"烧尾宴食单",细心的读者可能会发现,这里面素菜的品种极少,爱吃新鲜蔬菜的同学可能有些失望。确实,之前我们看到唐朝人能吃到好多我们现在不让吃的野生动物,什么熊肉、鹿肉、狸肉之类,可是唐朝人也有短板,就是蔬菜方面远不如现代人丰富。

不但没有西红柿、辣椒、土豆、洋葱、苦瓜、菜花之类,就连大白菜也长得极为瘦小(当时称为"菘")。而且由于蔬菜的保存技术不好,运输条件欠缺,所以当时的人收获蔬菜后,除了现吃一些外,普通就是采用腌制的方法来保存,类似于现在的腌菜。

名臣魏征喜欢吃一种叫醋芹的菜,也就是用醋泡制的芹菜,柳宗元的《龙城录》就记载了唐太宗用醋芹投喂魏征的故事。由于这种方法能保持蔬菜的新鲜口味,所以当时深受大家的欢迎。但总体来说,蔬菜类的菜肴在唐代并不出色,也没有现在的炒菜手艺。

水果的情况也是这样,一些我们现在司空见惯的水果,在唐代就是格外珍贵的。像荔枝,只有杨贵妃那样尊贵的身份,才能在北方吃到新鲜的荔枝。柑橘和橙子之类我们现在满大街都是,但唐朝时的长安城中,也是珍稀之物,杜甫《自京赴奉先县咏怀五百字》写到唐玄宗御宴的豪奢就说"霜橙压香橘"。《梅妃传》载"上命破橙往赐诸王",就是让梅妃给唐玄宗的亲兄弟们剥几个橙子吃,因为橙子当时是很珍贵的水果。要是放现在,诸王肯定会不屑地说:"就这?"

樱桃在当年也属于稀有水果之类，比现在的车厘子要珍贵得多，所以常常作为帝王的赐物。我们先看盛唐时，王维写有《敕赐百官樱桃》一诗，其中说："芙蓉阙下会千官，紫禁朱樱出上阑"，崔兴宗有和诗说："未央朝谒正逶迤，天上樱桃锡此时"，都是写皇帝赐百官吃樱桃的情景。中唐张籍又写有《朝日敕赐百官樱桃》，张籍见了樱桃后激动地说："仙果人间都未有，今朝忽见下天门"，看来普通人平时是吃不到的，要不也不会有"仙果""人间未有"之说。晚唐时韩偓也写有《恩赐樱桃分寄朝士》一诗，可见从盛唐到晚唐，整个唐代都有赏赐樱桃这样的传统。

就连伪皇帝史思明，也有样学样，学着大唐皇帝赏赐樱桃，还写了一首歪诗："樱桃子，半赤半已黄。一半与怀王，一半与周至。"其中的怀王，是他的儿子史朝义，而周至，是史朝义的老师。当时这两个人在一块儿，史思明派人赐去樱桃，意思是给两人均分。

当时有不少大臣猛拍马屁，但也有个小臣战战兢兢地提出修改意见，说陛下这首诗真是妙极了，只不过似乎把后两句颠倒一下，改为："一半与周至，一半与怀王"，就更押韵了。哪知史思明听后勃然大怒道："我儿岂可居于周至之下！"

于是，此诗传为千古笑谈。

一些高门大户，也以樱桃待客，以示豪奢。唐代传奇《昆仑奴》，写崔姓书生去探访一位"勋臣"（实指郭子仪），郭子仪唤出三个家伎，让她们拿着金盘盛了鲜红樱桃来招待崔生。

她们将樱桃浸在甜美的乳浆中，劝崔生吃。崔生羞怯万分，不敢吃。郭子仪见了大笑，命三位美女中那个穿红纱的（就是红绡）亲手喂崔生吃。崔生更是羞得满脸通红，三个家伎都掩口而笑。然而，就在这一刹那间，天雷勾动地火，美佳人和少年郎爱芽已萌，彼此再也割舍不下。

后来，崔生在昆仑奴磨勒的帮助下，将红绡救出郭宅，两人终成眷属。这个我们就不详细说了，不过樱桃在当时属于珍稀之物，此文也是一个佐证。

唐朝人虽然吃不到现在我们随处可见的苹果、榴梿，不过水果还是有不少的，像梅、桃、杏、梨、奈、李、枣、桑葚、山楂、柿子、甜瓜、西瓜、葡萄等，都经常出现在唐人的餐桌上。

永泰公主墓壁画（图中侍女盘中盛着葡萄）

《帝鉴图说》彩绘册页第 58 幅：烧梨联句

但由于古代水果保存的技术远不如现代，所以大家吃的新鲜水果基本上是时令之物，比如夏天吃西瓜、桃子，秋天吃枣子、柿子，一旦过了应时的季节，水果就变得珍稀贵重了。

《烧梨联句》这幅图讲了这样一个故事：唐肃宗（图中黄袍者）召见隐居的李泌（图中穿灰紫道袍的老者），时值寒夜，皇帝就亲自烧了两个梨给李泌吃。当时颖王年幼，倚着肃宗宠爱，也想吃烧梨，但唐肃宗说："你饱食肉味，李泌先生休粮绝粒，不吃荤腥，所以将此梨赐之，你如何来争？"

然后大家联句吟诗，颖王："先生年几许，颜色似童儿。"信王："夜枕九仙骨，朝披一品衣。"又一个王爷说："不食千钟粟，惟餐两颗梨。"最后皇帝说："天生此间气，助我化无为。"

李泌为什么会被这样看重呢？他就是《长安十二时辰》中男主角李必的原型，唐肃宗收复两京、平安史之乱，多是李泌为他出谋划策，厥功甚伟。

从这个故事，我们可以看出，唐代到了隆冬季节，梨就成了稀罕之物，而且唐代人吃梨，不是生吃，而是喜欢烤熟了来吃。现在河南开封以及安徽北部等地区，还是流行烤梨的，味道也还是相当不错的。

喝

很多时候，喝并非仅仅是满足解渴这样的生理需求，而更多的是一种精神上的享受。就比如酒和茶，长期不喝茶或酒对人体的健康有没有不良的影响呢？应该是没有的，但是酒和茶却带给了人们别样的体验，带来了十分愉悦的精神享受。

从文明的进程来说，人类从单纯的填饱肚子，解决饥渴问题，到能够品味美食、享受茶酒之类的饮料，应该就是作为『万物之灵』的本色，不然岂不是白生了这么多的脑细胞啦！

唐人对于酒精的热爱，在唐诗中随处可见，但对于酒的赞美，首推李白了。李白的诗篇中，到处沾染着淋漓的酒气。

不过，如果大家穿越到唐朝，喝起酒来，多少会有些不习惯，尤其如果你喜欢喝烈酒。这是因为唐朝缺乏蒸馏技术，还生产不出高酒精度的酒。

◉ 浊酒和清酒

浊酒和清酒，在唐诗中经常出现，像杜甫有"潦倒新停浊酒杯"之句，白居易也有"一壶浊酒送残春"，而李白则有"金樽清酒斗十千"，刘禹锡有"瓮头清酒我初开"等句子。

那什么是浊酒和清酒呢？这就要从酿酒的技术说起。在唐朝，一般来说各家酒店和一些豪门大户都会自家酿酒。先是把一个大酒瓮洗干净，然后放入粮食（大米、高粱、豆子之类），加上酒曲，让它发酵。这种酒工艺简单，一般人都能掌握，所以一般的村酒、自酿酒，都是以此种为多。

这种酒酿好后，因为没有经过过滤、提纯，所以看起来十分混浊，故称浊酒，也有浊醪、白醪等名称。

清苏六朋《太白醉酒图》

　　不过诗人的笔下，浊酒也很可爱，他们把浊酒中的漂浮物称为"绿蚁"，这也就是白居易的"绿蚁新醅酒""杯香绿蚁新"等句子的由来。不过，诗意归诗意，浊酒当然在工艺环节上是不够的，你以为这"绿蚁"效用堪比蚁力神？那些漂浮物喝到肚里其实没有诗中写的那样美好，所以还是要筛去。陶渊明葛巾漉酒，就是要过滤掉这些"绿蚁"。小时候初读"灯红酒绿"这个成语，总觉得难以理解，灯红好懂，为什么酒是绿的啊？不是透明的，或者黄颜色的吗？后来才知道，古代的酒，就是绿色的，所谓灯红酒绿，就是这样来的。

　　所以浊酒只是初级品，真正上档次的清酒，要经过加灰、榨取、煮烧等工艺。

　　加灰？这是做什么？酒坛中加入少量的石灰，是为了中和酒中的酸味儿，因为酿酒过程中，控制不好，其他的微生物也在发酵，往往会出现酸味。古代不是有笑话说，有人爱自吹自擂，写了一副对联，说："养猪大如山，老鼠头头死；酿酒缸缸好，造醋坛坛酸。"但古时没标点，被别人断句成"养猪大如山老鼠，头头死；酿酒缸缸好造醋，坛坛酸"，惹人哄笑不止。这就说明，酿酒过程中，一不小心很容易变成醋的。

　　所以，这加灰的酒，是一种深加工的酒，古人也称为灰酒，唐伯虎有诗："难将灰酒灌新爱，只有香囊报可怜"，就是指的这个。

　　而榨酒，则是将酒中的杂质，也就是那些"绿蚁"之类的去掉，李白诗说"吴姬压酒唤客尝"，压酒就是榨酒。

经过榨取过滤之后，酒就不再那么混浊了，所以就有了"清酒"的美名。《三国志·徐邈传》载"平日醉客谓酒清者为圣人，浊者为贤人"，旧时将人根据认知程度的不同，分为愚人、贤人、圣人、至人、真人等几个等级，而圣人是比贤人高一级的，由此也可以证明，清酒的等级要高于浊酒。

晚唐薛能有诗："床上新诗诏草和，栏边清酒落花多。"描写的是翰林学士的高贵生活情态，所以和其相伴的就是清酒了。"清酒"这个名称也随着遣唐使传到了日本，一直到现在，日本人还是习惯把酒称作清酒。我们发现，日本的清酒普遍度数不高，酒精度也就十几度，和干红、啤酒差不多，这也是保留的唐代时的特点。唐时的酒，就没有出现过高度酒。所以诗中所说"饮如长鲸吸百川"之类，也不见得是没谱的夸张，对照我们今天，二锅头、老白干这种喝法可能要出事，但扎啤之类的，现代人完全也有可能喝得这样豪迈。

如果实在对古人酒量感兴趣的话，我们还可以对这个"饮如长鲸吸百川"的李适之李丞相做一个酒量的考证。杜甫诗里写他大口喝酒，像鲸鱼一样能一口吞下百条河水，这个确实是艺术夸张，而《新唐书》中的文字，就比较靠谱了，这里说："（李适之）喜宾客，饮酒至斗余不乱。夜宴娱，昼决事，案无留辞。"意思是说李宰相尽管晚上狂饮美酒，但一点也不耽误第二天的工作。那1斗酒有多少呢，唐朝的酒1升大约594.4毫升，恰好和现在的瓶装啤酒（一般600毫升）相当，而1斗是10升，李丞相一晚上能干上10瓶啤酒，然后第二天没啥事，这酒量确实不算低，但也在情理范围之内。现在酒量很大的，也有成箱来喝的。

接着说唐代的加工工艺，过滤了之后，酒是变清了，但是这里还有一个问题，就是这些酒酿熟后，喝了以后很容易闹肚子。因为当时的酒度数比较低，酒精的杀菌效果不够，所以相当多的菌类在其中存活，弄不好就会闹肚子跑厕所。苏轼虽然在文学、书法、绘画上堪称不世出的天才，但他自行研制的所谓"蜜酒"，"饮者辄暴下"——喝了的无不严重腹泻。究其原因，恐怕就是缺少了煮和烧这样的环节。

大家熟知的"煮酒论英雄"就是这样的来历，但是这里又有一个问题，就是酒精由于沸点要低得多，在煮沸的过程中会挥发得特别厉害。古代的酒，度数本来就低得可怜，再一挥发，酒味如果丧失殆尽，成了白开水一样了，还有啥意思？

所以，煮酒和烧酒都是有学问的，火候和器皿都是术业有专攻。但是，唐朝人还不懂得蒸馏的技术，所以不知道怎么造出高度酒。唐代的剑南烧春之类，也和后世的烧酒不同。元代以后，所谓的烧酒是酒精度相对较高的白酒，而唐代，只是起到杀菌作用，并不代表是高度酒。

"荔枝新熟鸡冠色，烧酒初开琥珀香"，白居易笔下的烧酒就是说的这种酒。另外，在唐朝，未经过煮烧的米酒，就是我们前面说过的"浊酒"，一般是淡绿色的，因为酒曲不纯净，制曲和酿造过程中混入大量其他微生物，导致酒色变绿，如李白《赠段七娘》"千杯绿酒何辞醉"，白居易的"吴酒一杯春竹叶"。现在我们喝到的"竹叶青"酒，就有唐代遗韵，不过工艺并不是完全依循唐人的。

在唐代，黄颜色的酒更受大家的青睐，像李白就盛赞兰陵美酒是"玉碗盛来琥珀光"，杜甫也在《郑驸马宅宴洞中》一诗中说"春酒杯浓琥珀薄"，白居易也盛赞"世间好物黄醅酒"，这些都反映出唐代人对这种酒的推崇和喜爱之情。

◎ 皇家御酒　品质非凡

在一些影视剧和古代小说中，常提到"御酒"这个名头，显得十分高大上。这"御酒"到底是什么来头，好不好喝呢？

为了满足皇家用酒，唐朝建立之初，长安城内就设置有良酝署，专门酿造"御酒"。如果你是良酝署的长官，也就是良酝令，那是正八品的官儿，下面管着供膳 140 人，奉觯 30 人，专门负责给皇家供应御酒。

作为皇家机构，御酒自然是集中了全国最优秀的酿酒师和顶级的原料。王勃的叔祖王绩虽是个放荡不羁的人，却也贪恋一个小小的官职待诏门下省，图什么呢？就是为了当这个官，每天能分得三升御酒。后来长官听了他的需求，破例给他每日发一斗酒，时人称其为"斗酒学士"。王绩还有个典故叫"良酝可恋"，所谓良酝，就是指前面说的御酒酿造机构，代指御酒。由这个故事可以得知，御酒的品质，绝对是要好于市面上的酒，要不王绩自掏腰包从外面买些好酒就是了，何必委屈自己来做一个不称心如意的小官呢？

不要小看良酝署这样的机构，古人认为"国之大事，在祀与戎"，祭祀天地与祖先是头等大事，而祭祀的礼仪当然少不了酒。所以御酒监造的官儿也是承担着重要责任的。

那这些御酒，都有什么品类呢？这个我们只能从唐人的记载中获得一些零星的信息。正史中记载，有所谓春暴、秋清、酴醾、桑落等酒，对于以上的名字，我觉得基本上是由酿酒时的季节所定的，无关品位。《杜阳杂编》说唐懿宗赏给自己的女儿同昌公主好酒好菜，其中提到凝露浆、桂花醑这两种御酒。顾名思义，凝露浆应该是煮烧过加以提纯的清酒，而桂花醑则是带有桂花香气的桂花酒。

有一首流行歌叫《盛唐夜唱》，其中说："龙膏酒我醉一醉，把葡萄美酒夜光杯。"这里的龙膏酒也见于《杜阳杂编》，其中说这种酒"黑如纯漆，饮之令人神爽。此本乌弋山离国所献"。离国位于伊朗高原。这种黑颜色的酒，我感觉像是黑啤，其他的酒类，少有颜色有如黑漆的。而且上面记载也说来自西亚地区，那里很早就有了啤酒的酿制技术，如果是黑啤传到唐朝来，被命名为龙膏酒，也是不足为奇的。

前面说过，葡萄酒唐代也是有的，也是从西域传过来的，据《太平御览》记载："（唐太宗）及破高昌，收马乳蒲桃实，于苑中种之，并得其酒法。……太宗自损益造酒，凡有八色，芳辛酷烈……既颁群臣，京师始识其味。"也就是说唐太宗当年灭了高昌国，不仅俘虏了高昌国王，也俘虏了酿造技师和擅长种植葡萄的人。而且葡萄又和荔枝不一样，属于可以移植到中原地区的植物品种，所以后来在山西一带也广泛种植，葡萄酒也越来越普及了。

说起唐朝的名酒，基本上都带着一个"春"字，你不要想歪了，这是代表了酿酒的季节，因为古代人收获粮食的季节在秋季。到了秋冬之际，粮食相对丰裕，于是就拿来酿酒，经过冬天的发酵之后，到春天到来时，正好酿熟，故名"春酒"——"盖以冬酿，经春始成，因名春酒。"李商隐"隔座送钩春酒暖"中的"春酒"也是这个意思。

说到在今天知名度最高的，当然要属"剑南春"。这也是唐代名酒唯一能流传后世的（当然，工艺上和唐代已不尽相同）。但蜀中的气候和水源是十分适合酿酒的，当年的剑南春，滋味肯定也不错，《新唐书》上也明确写有剑南春作为贡品进献宫廷的事情。

但是，在唐人的记载中，夸为第一的酒并不是剑南春，大家猜是什么？茅台？不是的，茅台在唐代并没有明确记载，被唐朝人誉为第一名的酒是郢州春。郢州在现在的湖北钟祥一带，中唐时的李肇在《唐国史补》里谈到唐代的名酒时说："郢州之富水，乌程之若下，荥阳之土窟春，富平之石冻春，剑南之烧春，河东之乾和蒲萄，岭南之灵溪、博罗，宜城之九酝，浔阳之湓水……"

李肇嗜酒如命，是个大酒鬼，曾经因喝酒误事，被降了职。他将郢州春列在首位，应该是有一定的可信度的。另一个证明就是郢州刺史给朝廷上贡时，"春酒麹"名列其中，后来更干脆把懂得酿酒的师傅也送到皇宫之中，专门给皇帝造御酒。

到了晚唐时，宰相李德裕曾写道："每学士初上赐食，皆是蓬莱池鱼鲙，夏至后，颁赐冰及烧香酒。以酒味稍浓，每和水而饮，禁中有郢酒坊也。"这里就明确提到了宫廷中有采用郢州春工艺酿制的郢酒坊，还提到这种酒味太浓，也就是酒精度太高，有些人还不习惯，于是掺了水，让酒味淡一点。由此可见，不少唐人如果一下子穿越到今天，对衡水老白干和闷倒驴，还是不怎么习惯的。

除了本土酿造的这些酒外，还有进口的"洋酒"，像前面提到的龙膏酒就是一例，此外还有三勒浆酒，同样也是从中亚、西亚的波斯地区传来的。前面说的李肇遍数海内名酒后，也说道："又有三勒浆类酒，法出波斯。三勒者，谓庵摩勒、毗梨勒、诃梨勒。"庵摩勒、毗梨勒、诃梨勒，听这名字就不像中国本土的东西，经有关专家考证，这三种植物的名字都是梵语，这些作物也是热带或亚热带作物，不能生长在温带的。史载唐代宗大历年间去视察太学，也曾经命赐三勒浆酒给这些学生。

孙思邈的《千金翼方》卷第三就记载："庵摩勒味苦、甘、寒、无毒，……生岭南交、广、爱等州"；而毗梨勒则"生南海诸地，树不与诃梨子相似，即圆而毗也"；三勒中的诃梨勒树，也是生长于广州山村之中："广之山村，皆有诃梨勒树，就中郭下法性寺佛殿前四五十株，子小而味不涩。"

那问题来了，这三种果实并不是出产于西域，那为什么三勒浆这种酒却说是从西域传来的呢？我感觉是位于伊朗高原的人，他们也会从南亚印度这一带的地方买入这些热带的果实，再加上本地的酿酒工艺，从而打造出了"三勒浆"这种独特的酒。

后来，唐朝人逐渐也学会了这种酒的酿造技术，唐代韩鄂在农书《四时纂要》中就详细介绍了怎么做这个"三勒浆"：

> 诃梨勒、毗梨勒、庵摩勒，已上并和核用，各三大两。捣如麻豆大，不用细，以白蜜一斗、新汲水二斗熟调。投干净五斗瓮中，即下三勒末，搅和匀。数重纸密封。三四日开，更搅。以干净帛拭去汗，候发定，即止，但密封。此月一日合，满三十日即成。味至甘美，饮之醉人，消食，下气。

然而，这本很有价值的农书却没有保存下来，到了后世，三勒浆一度失传，韩鄂写的这本书，直到 1960 年才在日本被发现。附带说一下，现在有一种叫三勒浆的口服液，据说能抗疲劳，增强免疫力。

另外，唐人还是挺喜欢把各种植物浸泡到酒里的，比如有生姜酒、地黄酒、蛇酒、菖蒲酒、茱萸酒、菊花酒、屠苏酒、桂花酒、松花酒、松叶酒等等，都是如此。

◉ 美酒美器，琳琅满目的唐代酒器

有道是"美食美器"，唐朝的酒器也是丰富多彩，颇有仪式感，盛酒之器有缸、瓮、樽、罍、瓶、缶、壶等，饮酒器则有杯、盅、壶、卮、盏、钟、瓢、觞、碗之类。

下面我们就看一下那些精美绝伦的唐代酒器：

镶金牛首玛瑙觥
（1970 年西安市何家村窖藏坑出土）

鸭形杯

鲁山窑黑釉剪纸漏花龙首壶

三彩珍珠地贴花兽面纹凤首壶

白釉绿彩把杯

白螺杯

　　"饮中八仙"的李适之，因为贵为宰相，所以他家中有着各式各样的精美酒器。其中有酒器九品：蓬莱盏、海川螺、舞仙盏、瓠子卮、幔卷荷、金蕉叶、玉蟾儿、醉刘伶、东溟样。这些酒器都是精美机巧之物，比如这蓬莱盏上就有山状物，好像是蓬莱三岛，倒酒时，一定要将山没掉，才算斟满；而舞仙盏，斟上酒后，会出来一个仙女跳舞。这是怎么回事？现在我们能看到元代的惊喜盏，斟满酒后，有个小石人飞浮（大概是浮石材质），这个舞仙盏，大致也是如此吧。

　　喝什么酒，用什么酒具，其实是大有讲究的，《笑傲江湖》中曾经写过一个叫祖千秋的人，讲了一番大道理："你对酒具如此马虎，于饮酒之道，显是未明其中三味。饮酒须得讲究酒具，喝甚么酒，便用甚么酒杯。喝汾酒当用玉杯，唐人有诗云：'玉碗盛来琥珀光。'可见玉碗玉杯，能增酒色。……这一坛关外白酒，酒味是极好的，只可惜少了一股芳冽之气，最好是用犀角杯盛之而饮，那就醇美无比，须知玉杯增酒之色，犀角杯增酒之香，古人诚不我欺。……至于饮葡萄酒嘛，当然要用夜光杯了。古人诗云：'葡萄美酒夜光杯，欲饮琵琶马上催。'要知葡萄美酒作艳红之色，我辈须眉男儿饮之，未免豪气不足。葡萄美酒盛入夜光杯之后，酒色便与鲜血一般无异，饮酒有如饮血。……至于这高粱美酒，乃是最古之酒。夏禹时仪狄作酒，禹饮而甘之，那便是高粱酒了。……饮这高粱酒，须用青铜酒爵，始有古意。至于那米酒呢，上佳米酒，其味虽美，失之于甘，略稍淡薄，当用大斗饮之，方显气概。"

日本江户时代画家圆山应举《饮中八仙图屏风》

　　然后，他又说"百草美酒"要用古藤杯，绍兴状元红须用古瓷杯，梨花酒当用翡翠杯，玉露酒当用琉璃杯，都各有一番道理。

　　想当年，唐代人肯定也有一番讲究，那些杯、盅、壶、卮、盏、钟、瓢、觞、碗之类，在不同的场合，肯定也各有妙用，伴着琴声笑语、衣香酒气，凝结于一首首千古流传的唐诗中。

　　据统计，全唐诗一共不到5万首诗，而其中带"酒"字的就有5000多首，也就是说10首诗中，就有1首带有"酒"字，所以，如果说唐诗是浸着酒香写出来的，也没有什么不对吧。

　　唐人聚会饮酒，图的是一个乐儿，喝起来不分男女老幼尊卑贵贱。唐朝忌讳的事比较少，男女杂坐也不为怪，《太平广记》中记载有客人申屠澄让主人家的小女孩也一起赴席，大有没上没下的味道。

喝得兴起，开起玩笑来不分官阶、辈分高低。在大唐的皇家酒宴上，长孙无忌写诗嘲笑比他大30多岁的老臣欧阳询，说他像一只猕猴，而欧阳询也毫不客气，写诗掉了回去，说这位当朝国舅长着面饼子脸，肚子胖得连裤裆都撑裂了。

所以李白可以对堂堂的汉东太守"我醉横眠枕其股"，自己喝醉了就头枕身为地方官一把手的汉东太守的大腿。也可以说"我醉欲眠卿且去"——我不行啦，你走吧，改日再喝。醉了之后，有唱的，有笑的，有舞的，有闹的，甚至打架的也有，其中还有一些是小姐姐互掐。比如元稹曾写道："岘亭今日颠狂醉，舞引红娘乱打人"，温庭筠也曾写《光风亭夜宴妓有醉殴者》……

唐人敬酒，有"蘸甲"一说，就是用手指伸入杯中略蘸一下，弹出酒滴，以示敬意。这样的做法，现在看来很不卫生，指甲缝里多有污垢，这酒还能喝吗？但唐人却不在意。现在这种风俗在一些少数民族的礼仪中还有保存，究其原因，大概是表示将酒斟满，溢到手上的感觉吧。所以有酒满心诚的意思，像白居易《早饮湖州酒，寄崔使君》有诗句"十分蘸甲酌，激滟满银盂"。

唐人喜欢按次序轮流饮酒，每人都要喝，大家都饮一遍，成为一巡。这点类似于我们这里（山东）打一圈的做法，而最后一个喝的，称为婪尾，又作蓝尾，白居易《岁日家宴》诗："岁盏后推蓝尾酒"，就是这个意思，不要误解为是鸡尾酒哦！

唐人喝酒，好像比现代的花样还要多得多。有骰盘、筹箸、酒胡子、香球等器物助酒，先说这骰盘，就是主客一起掷骰子，以点大点小论输赢，输的喝酒。白居易有"酒盏省陪波卷白，骰盘思共彩呼卢"一诗，就说了这个情景。《唐摭言》卷一三记载："张祜客淮南，幕中赴宴，时杜紫微为支使……索骰子赌酒"，也就是说诗人张祜去淮南时，曾经和杜牧一起喝酒，当时就一起掷骰子。

◉ 《论语》做筹箸的花式劝酒

说到筹箸，熟悉《红楼梦》的朋友都会记得，其中有一回叫作"寿怡红群芳开夜宴"，就是晴雯拿来一个竹雕的签筒，里面装着象牙花名签子。大家抽签后，有的是自饮一杯，有的是相邻的两位饮酒，比如像史湘云抽的签，是海棠花，题为"香梦沉酣"，签上说："既云'香梦沉酣'，掣此签者不便饮酒，只令上下二家各饮一杯。"恰好黛玉是上家，宝玉是下家，于是这二人按规则都是要喝一杯酒的。

唐人的筹箸也与之类似，1982 年，江苏丹阳丁卯桥出土了一批唐代银器，其中有一副银质涂金酒令筹具，计有令筹 50 枚，令旗 1 件，令纛杆 1 件，筹筒 1 件。其中最奇特的就是这件龟负"论语玉烛"酒筹鎏金银筒：

此物呈龟驮圆筒状，就像是龟背上竖立一根粗壮的蜡烛。筒上有盖，盖钮呈莲苞形，盖面做荷叶卷曲状。盖体周身以鱼子纹为地，饰鸿雁及卷草、流云纹。筒体上部主体纹饰，以鱼子纹为地，雕腾龙、飞凤各一，辅以卷草纹。龙凤之间设一竖向长方形空白框格，

龟负"论语玉烛"酒筹鎏金银筒

内刻双钩四字"论语玉烛"。

　　这 50 枚签筹上，都刻着《论语》中的箴言，并且附有劝酒的规则，而且箴言和劝酒的行为有一定的关联性，比如抽到"与（有）朋自远方来，不亦乐乎"，那就是"上客五分"，即最尊贵的客人喝半杯；而"为政以德，譬如北辰"，就是"官上高处十分"，谁官当得最大，谁喝一满杯；而抽到"后生可畏"，就是"少年处五分"，谁年纪最小，谁喝上半杯；更有趣的是要是抽到"乘肥马，衣轻裘"字样的筹码时，就是"衣服鲜好处十分"，即穿得最漂亮的人喝一杯……

　　说来这样的花式劝酒，就有些类似我们现在酒桌上劝酒劝到没

江苏丹阳出土唐代酒令筹 50 枚

什么理由了，竟然来一句"戴眼镜的一起喝一杯"，呵呵。

◉ 类似不倒翁的"酒胡子"

除了酒筹以外，唐人助酒劝酒的器具还有酒胡子，所谓酒胡子就是一种木头刻成的胡人，下半身是圆球状的，好似不倒翁那样。喝酒行令时，把这个"酒胡子"一转，等停下来，酒胡子朝向谁，谁就要饮酒。

《唐摭言》曾记载："二三子逆旅相遇，贳酒于旁舍，且无丝竹，以用娱宾友，兰陵掾淮南生控囊中得酒胡子，置于座上，拱而立令曰：'巡觞之胡人，心俯仰旋转，所向者举杯。'胡貌类人，亦有意趣，然而倾侧不定，缓急由人，不在酒胡也。"

我们看，在没有音乐（丝竹）歌舞助兴的情况下，酒胡子这种道具有效地增加了宴席的趣味性，活跃了气氛。

唐人还曾经专门写诗对酒胡子进行了调侃，诗人卢注在《酒胡子》一诗说：

酒胡五藏属他人，十分亦是无情劝。

尔不耕，亦不饥；尔不蚕，亦有衣。

有眼不能分黼黻，有口不能明是非。

鼻何尖，眼何碧，仪形本非天地力。

雕镌匠意苦多端，翠帽朱衫巧妆饰。

意思是说“酒胡子”你不用耕地，也饿不着，不用养蚕，也有衣服穿。长着眼也分不清人的贵贱，长着嘴也说不明白是非。你的鼻子为什么这样尖，眼为什么这么绿，你的形状不是天生的，是工匠费心力雕成的，让你穿着朱红色的衣衫，戴着翠绿的帽子。

晚唐诗人徐夤也写过有关《酒胡子》的诗：“红筵丝竹合，用尔作欢娱。直指宁偏党，无私绝觊觎。当歌谁擐袖，应节渐轻躯。恰与真相似，毡裘满颔须。”

可想而知，酒胡子一直都是一个长着络腮胡子、裹着毡袍的胡人形象，这个滑稽可爱的形象，在酒桌上给大家增添了无穷的乐趣。

精致的香球

这个游戏类似于我们现在玩的击鼓传花的游戏，《红楼梦》中就写过三次，第一次是第五十四回元宵夜宴时所行的“喜上眉梢令”，传的是梅花；而第二次是第六十三回平儿等人在榆荫堂，传的是芍药；第三次是第七十五回时中秋赏月，传的是桂花。

鎏金银香薰球

击鼓传花的规则大家都知道，就是由一人蒙眼击鼓，大家传递手中的花，鼓声一停，花在谁的手中，谁就要饮酒并表演节目。而唐人传的一般不是花，而是香球。

香球是一种小型绣球，依座轮番传递，最后球落谁手，谁就要饮酒。因为要快速传递抛掷，所以又称为飞球。《太平广记》曾记载："每宴饮，即飞球舞盏，为佐酒长夜之欢。"

除了这些酒具助兴外，唐人还喜欢边饮边舞，唐人除了听歌看舞之外，往往会亲自下场，狂歌狂舞一番，无论是多大的官，多大的年纪，都会释放自我，抒发性情，像唐太宗和唐高祖，一个是皇帝，一个是太上皇，在酒宴酣畅之际，也要下场狂舞一番，有这样的一种氛围，这酒是不是喝得极为痛快?！

第二章
唐人《茶经》七碗茶

陆羽经过多年的探索、研究出来一套完整的饮茶方法，他写成了一本书，叫《茶经》，其中从采茶讲起，详细说明了茶具的制备、烹茶的方法、用水的讲究、喝茶的礼仪之类。后来这套给日本来留学的人学去，发展成为日本的茶道。

一碗喉吻润，

二碗破孤闷。

三碗搜枯肠，唯有文字五千卷。

四碗发轻汗，平生不平事，尽向毛孔散。

五碗肌骨清，

六碗通仙灵。

七碗吃不得也，唯觉两腋习习清风生。

这首诗是有"茶仙"名号的中唐诗人卢仝所写，名为《走笔谢孟谏议寄新茶》，也称《七碗茶歌》。由于诗句流传甚广，"七碗茶"，成为茶楼的永久招牌，北京中山公园内西侧有个"来今雨轩"，门旁有一副楹联就是："三篇陆羽经，七度卢仝碗"。日本茶道中讲究的

"喉吻润、破孤闷、搜枯肠、发轻汗、肌骨清、通仙灵、清风生"等等，也是从卢仝的诗中演变而来。记得多年前电视上播过这样一个广告：

一本正经的游侠冯小刚"飞"入茶馆，叫道"沏杯茶"。画面一转，一身白衣的店小二周星驰出来，"当当当"，身手敏捷地码出七杯茶。冯怒道："我让你沏杯茶。"周一脸无辜地答："是七杯茶呀。"冯狂风般起身、旋转，刀鞘抵住周的咽喉："我要天堂水沏的龙井茶。"周抛出一记白眼道："啰唆。"手一挥，一瓶瓶装绿茶出现。

看来就算发展了的瓶装绿茶，还是要提到"七碗茶"这个典故。

不过，假如你来到中唐之前，也就是"茶圣"陆羽还没有出现的时代，你可能会觉得唐朝的茶怎么是这样奇奇怪怪的味道。您捧起一碗茶，发现并不是我们现在喝的这种清亮的颜色，也不是纯正的清香味儿，而是看起来有点像芝麻糊般的稠状物，喝起来其中混有葱、姜、花椒的味道，或者还有大枣、桂皮、奶油之类，而且多半是咸的，将就着当奶茶喝也是难以入口的……

这种奇奇怪怪的饮料，是和诗意、清雅不怎么沾边的，所以在盛唐以及之前的年代，诗人们描写喝茶情景的，也相当少，比如诗仙李白，他的诗集中，带"酒"字的比比皆是，而写到喝茶的却极少极少，大家能背出一首常见的吗？没有吧。

南方一些地区的擂茶，应该说是保留了这样的喝茶传统，所谓擂者，就是研磨。把茶叶、芝麻、花生等原料放进石钵里研磨后，再用水冲泡，也会加上葱、姜、橘皮、盐之类的，做出来的茶，类似现在叫"茶汤"的粥状物。"茶圣"陆羽提到的"蜀姬作茶粥卖"，应该就是指这样的喝法。

盛唐时的储光羲就写过《吃茗粥作》一诗，其中有"淹留膳茶粥，共我饭蕨薇"一句，这里的"茗粥"或"茶粥"，就是指这一类芝麻糊状的茶品。这应该和我们现在的喝茶体验是有所不同的。

终于，中唐时的陆羽带头发声，抨击了这种"暴殄天物"式的喝茶方式，他在《茶经》中痛斥："或用葱、姜、枣、橘皮、茱萸、薄荷之等，煮之百沸，或扬令滑，或煮去沫，斯沟渠间弃水耳！"也就是说那种乱加各种调味料煮出来的茶，就像臭水沟的水一样，根本不能下咽，一点也不好喝。

陆羽经过多年的探索，研究出来一套完整的饮茶方法，他写成了一本书，叫《茶经》，其中从采茶讲起，详细说明了茶具的制备、

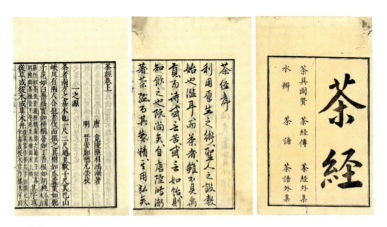

陆羽《茶经》书影

烹茶的方法、用水的讲究、喝茶的礼仪之类。后来这套给日本来留学的人学去，发展成为日本的茶道。

所以，经过改良后的唐代煎茶法则，就是这样子的了：

第一步：将茶饼掰碎，用火炙烤至少两三回，让茶更加干燥，相传这样茶的滋味会更浓。

第二步：烤好的茶在温度还较高的状态下放入纸袋中密闭，直到凉透。

第三步：将茶叶碾碎，碾得越碎越好，唐人推崇碾成松花粉状。

第四步：用茶箩子筛茶，筛掉碾得不碎的成分，让茶粉变得更细。

第五步：开始烧水，用陆羽推崇的风炉，用专用的锅，不能是煮过肉染上腥膻气的。水要选山泉水，其次江河水，最差井水。燃料最好用炭，其次用劲薪，也就是火力猛的柴火。

第六步：烧到锅中的水泛起水泡，第一次沸腾起来后，叫初沸，这时候可以适当加些盐调味。

第七步：当水烧到第二次沸腾时，用瓢舀出一瓢水来，待会儿要用。

第八步：当水第三次沸腾时，一边用竹夹搅水，一边将茶粉撒进沸腾的漩涡中心。当水再度开时，再将刚开舀出来的凉水倒进去，防止沸腾过度（这个步骤有点类似我们现在下水饺时的做法）。

第九步：茶不宜过度地煮，三沸之后，就要赶紧从火上移开，将茶釜端下茶炉，往茶盏中分倒。唐人一般推崇邢窑和越窑的瓷，而陆羽觉得邢窑的白瓷不如越窑的青瓷更佳。

第十步：分茶时也有讲究，要注意将茶汤上的浮沫（茶粉是不

《陆羽烹茶图》元代画家赵原绘　现藏于台北故宫博物院

溶解的），很均匀地分到每个茶碗里，甚至形成纹络和形状，是不是有点类似现在花式咖啡的样子？陆羽认为分茶时不宜过多，一般以五碗为限。多了就像是饮牛饮驴了。

我们看，唐人的煎茶模式相当烦琐，我们现在基本就是两步，放上茶叶，倒入开水就好了。然而，唐人喜欢将茶碾成粉末状，现在则是一般上品的茶叶，都是相当完整的，而粉末状的一般是低档的袋泡茶。

不过唐朝人的喝茶步骤更有仪式感。而且经过茶圣陆羽的改良和提倡，人们渐渐发现了茶中真味，喝茶渐渐变成了一种精神享受，而不是仅仅满足解渴的生理需求。

所以，喝茶的习俗在盛唐之后就开始风行于世，"茶"这个字，

也越来越多地走入了唐人的诗篇，像"大历十才子"之一的钱起就体会到了喝茶的妙处："竹下忘言对紫茶，全胜羽客醉流霞。尘心洗尽兴难尽，一树蝉声片影斜。"（《与赵莒茶宴》）

我们看钱起把和友人聚在一起喝茶称为"茶宴"，并在诗中说聚在一起喝茶，比一起喝酒要强得多。喝酒越喝越迷糊，而喝茶越喝越清醒，而且能有一种洗净尘心的效果，实在是更符合文人逸士的高雅情怀。

所以皎然也在一首诗中说："一饮涤昏寐，情思朗爽满天地。再饮清我神，忽如飞雨洒轻尘。三饮便得道，何须苦心破烦恼。此物清高世莫知，世人饮酒多自欺……"

确实，喝茶提神益智，能让人心志清明，比喝酒要强得太多。

而且古人尚不知道喝酒对于身体健康是有严重危害的，酒精对于人体的胃、肝、肾等多种脏器都有损伤，而茶却是对身体益处多多。

众所周知，茶有消食醒酒、振奋精神的效果，白居易就写过这种体验：

睡后茶兴忆杨同州

昨晚饮太多，嵬峨连宵醉。今朝餐又饱，烂熳移时睡。

睡足摩挲眼，眼前无一事。信脚绕池行，偶然得幽致。

婆娑绿阴树，斑驳青苔地。此处置绳床，傍边洗茶器。

白瓷瓯甚洁，红炉炭方炽。沫下曲尘香，花浮鱼眼沸。

盛来有佳色，咽罢余芳气。不见杨慕巢，谁人知此味。

白居易说连着几天大吃大喝，醉饱满腹，很不舒服，于是来到小池塘边的绳床上，煮茶而饮。从"白瓷瓯甚洁，红炉炭方炽。沫下曲尘香，花浮鱼眼沸"来看，是完全沿用了我们上面说的煎茶法，喝了茶后，感觉余香满口，精神大振，很是惬意。于是他就写诗告诉朋友杨同州，想着有一天共同分享喝茶之趣。

中唐之后，"饮茶胜饮酒"（张谓诗）这样的感触引发了众多诗人的共鸣，所以出现了大量赞同饮茶胜过饮酒的诗句，如："杯里紫茶香代酒，琴中绿水静留宾""俗人多泛酒，谁解助茶香""清影不宜昏，聊将茶代酒"等等。"茶"这个角色也渐渐浸入诗篇，与诗意相谐："烟香封药灶，泉冷洗茶瓯""或吟诗一章，或饮茶一瓯""诗情茶助爽，药力酒能宣"……

喝茶也逐渐为皇家所重视，湖州的"顾渚紫笋茶"因陆羽发现后评为上品，被地方官推荐为贡茶。大历年间，进贡的规模不断扩大，到后来竟达到 18400 斤。春茶中，以清明节前的茶最为细嫩可口，所以当年要求快马加鞭，于清明这一天将顾渚紫笋茶准时送到皇宫里，以备清明宴席上品用。

不过，在唐人李肇《唐国史补》中，顾渚紫笋茶还不是第一名，他说："风俗贵茶，茶之名品益众。剑南有蒙顶石花，或小方，或散芽，号为第一。湖州有顾渚之紫笋，东川有神泉小团、昌明兽目，峡州有碧涧明月、芳蕊、荼英籈，福州有方山之露芽，夔州有香山，江陵有楠木，湖南有衡山，岳州有灉湖之含膏，常州有义兴之紫笋，婺州有东白，睦州有鸠坑，洪州有西山之白露，寿州有霍山之黄芽，蕲州有蕲门团黄，而浮梁有商货不在焉。"

而晚唐时做过巢县县令的杨晔写过一本叫《膳夫经手录》的书，上面记载的名茶，除了上面说过的外，他还补充了这样一些好茶：新安含膏茶、蕲州茶、鄂州茶、至德茶、潭州茶、渠江薄片茶、湖南紫笋茶、陕中香山茶、（夷陵）小江源茶、（舒州）天柱茶、（寿州）霍山小团、（福州）生黄茶、（宣州）鹤山茶，歙州、婺州、祁门、婺源方茶，共计数十种。

我们今天公认的中国十大名茶如下：

一、西湖龙井；二、洞庭碧螺春；三、黄山毛峰；四、庐山云雾；五、六安瓜片；六、君山银针；七、信阳毛尖；八、武夷岩茶；九、安溪铁观音；十、祁门红茶。

和唐代对照一下，还是有一些出入的，这可能是因为烹茶的方式不同，而且茶树在千百年来也在不断改良引种吧。

随着饮茶的大量普及，在唐德宗年间，茶税也开始成为重点的税种，成为国家财政收入的一个重要来源。

随着饮茶的风行，茶具也越来越精致，陕西法门寺地宫中曾经出土过一套美轮美奂的大唐茶器，有"茶槽子、碾子、茶罗子、匙子一副，七事共八十两"，也就是这些金质茶具重八十两。

系链银头箸（搅拌用）

鎏金流云纹长柄银匙（用来取尝）

鎏金飞鸿球路纹银笼子
（唐人有以笼装茶，用温火慢烤的习惯，
这个笼子就是用来焙炙茶叶的）

鎏金鸿雁流云纹茶碾子，上置鎏
金团花纹银碾轴（碾茶用）

鎏金仙人驾鹤纹壶门座茶罗子
（筛茶用）

鎏金双狮纹菱弧形圈足龟形银盒
（储存茶粉，也有人以为是香炉）

鎏金摩羯纹银盐台（存盐）

法门寺地宫的唐代茶具

　　看到大唐皇家这些富丽堂皇的茶具，是不是很向往着穿越到大唐，去品尝一下唐代的茶香啊？真想体验一下是不是真像卢仝说的那样："五碗肌骨清，六碗通仙灵。七碗吃不得也，唯觉两腋习习清风生……"

玩

玩，很多情况下，都是一个贬义词，打小起家长和老师就教育我们不要贪玩。古人还发明了「玩物丧志」这样一个成语，用来警告我们。然而，玩乐是人的天性，从幼童开始，直到老年，都有贪玩的心，只不过小女孩想玩的是芭比娃娃，老太太们想玩的是麻将牌。而且无论是皇亲国戚还是王公大臣，卸下官场中的面具后，也都有一份玩心。对于唐朝人来说，他们喜欢的多是体育运动类，像打马球、打猎、打秋千等等，相比于玩电脑和手机上的游戏，这些活动对身体健康更为有益。

第一章

唐人最爱的游戏：斗鸡

唐朝人，当然享受不到网游和手游的快感，不过唐朝人不能玩"吃鸡"，却能玩"斗鸡"。这在当时可是风靡整个大唐的游戏，没有之一。两只雄鸡飞腾跳跃，利爪金距，争斗时啼声凄厉，羽毛纷飞，这惊心动魄的场面不比后世两只蛐蛐咬来咬去壮观多了？

◎ 斗鸡中的"国家队"

唐代斗鸡事业的高度繁荣，离不开历任皇帝的亲自参与和大力提倡。从唐太宗那时候，就十分喜欢斗鸡，有诗为证："寒食东郊道，扬鞲竞出笼。花冠初照日，芥羽正生风。顾敌知心勇，先鸣觉气雄。长翘频扫阵，利爪屡通中。飞毛遍绿野，洒血渍芳丛。虽然百战胜，会自不论功。"

这诗是杜如晦的叔叔杜淹写的，电视剧《天下长安》中出现过这个人物，诗题就叫《咏寒食斗鸡应秦王教》，看来这时候李世民还是秦王的身份，没发动玄武门之变当上皇帝呢。

唐高宗的时候，宫内也十分流行斗鸡。要不是因为斗鸡，王勃还不会惹出祸事来呢。当时王勃是沛王（后来的太子李贤）的修撰，这个沛王和弟弟英王（也就是后来的唐中宗李显），两位皇子斗鸡取乐，当时他们只是十来岁的小孩子。

王勃当时也十几岁，手一痒痒就写了一篇《檄英王鸡》，模仿古时的战斗檄文，不巧给唐高宗看到了。唐高宗见其中的"两雄不堪并立，一啄何敢自妄"，嗅出了其中"不和谐"的味道。虽然是在说斗鸡，但是客观上大有煽动两兄弟之间矛盾的嫌疑。

经历了玄武门之变的血腥惨剧后，唐代皇室对兄弟间的仇杀

上图为中国国家博物馆藏西安韩森寨出土的唐代十二生肖俑中的红陶鸡俑。我们看这些鸡都作了拟人化的处理，它们身着襦裙，一副气宇轩昂的模样，煞是喜人（有人戏称这是"鸡精"）。由此也可以看出，唐人对斗鸡的喜欢

是很敏感的，故而唐高宗勃然大怒，下令将王勃轰出沛王府，并不准沛王等再用王勃。

所以，被炒后的王勃可能终生对斗鸡没有好感了，我们如果穿越到唐代，也别和他提斗鸡的事，别说了，说多了都是泪。

唐玄宗的开元之治是盛唐光辉的巅峰时刻，而与此同时，斗鸡事业也空前地辉煌壮观。玄宗皇帝在两宫之间设立了鸡坊，养了上千只雄鸡，个个金毫铁距、高冠昂尾，是海内著名的"鸡中高手"，组成了斗鸡中实力最强的"国家一队"。

宋代李嵩绘《明皇斗鸡图》

　　这幅是宋代李嵩所绘的《明皇斗鸡图》，图中唐玄宗（明皇）骑着白马，后面跟着一大群美女，马前有一只黑色长尾的雄鸡，似乎是代表皇帝这一方的。与之相斗的那只鸡其貌不扬，一看气势就落了下风。对面的人穿着也很寒酸，看来是普通的市井之徒，和皇帝斗鸡，看来必败无疑。不过，可以看出唐玄宗玩起斗鸡来，也是无论贵贱。平民百姓只要擅长斗鸡者，也能和皇帝见上面。

　　也正是在唐玄宗这个时期，出现了一个因斗鸡圈粉无数的"流量明星"，他就是贾昌。

　　这个贾昌虽然年纪轻轻，却生就一身很特殊的本领，非常擅长管理这些斗鸡。据说他精通各种鸟语，当然"鸡语"也包括在内。唐玄宗有一次玩斗鸡时看到了他，于是识人才重人才，安排13岁的贾昌担任大内禁鸡的总教头。

　　这贾昌也确实有本事，他一走近鸡坊，这些雄鸡就纷纷围过来，和他亲昵有加。而贾昌一打眼，就知道这些鸡的自身素养，是强是弱，是勇是怯，不用建档立卡，就全部了如指掌，铭记心中。

　　深通鸡性的贾昌，当然也很是了解鸡们的需求，何时喂食，何时添水，有没有瘟病等情况，贾昌都处处留心。

　　于是，没过多久，贾昌就把"斗鸡国家队"打造成一支训练有素、召之即来、来之能战的威武之师。

　　每逢重要节日，比如元宵节、清明节、中秋节时，唐玄宗都要举行大型活动，贾昌就率领这些雄鸡充当仪仗队，进行表演。他头戴雕翠金华冠，身穿锦绣襦裤，手里拿着木铎和拂尘，指挥这些雄鸡们整齐有序地走入场中。只见这些雄鸡摩拳擦掌，说错了，它们没手，原文是"树毛振翼，砺吻磨距"（《东城老父传》），个个斗志昂扬。

经过一场"现场直播"的斗鸡"大比武"之后，贾昌率领这些斗鸡退场。退场时也法度谨严，得胜的鸡犹如获得金、银、铜牌的优胜选手，个个昂头挺冠，趾高气扬地走在前边，败者则垂头丧气地在后面跟随。

由于贾昌的特殊才能，唐玄宗对他很是宠爱，去泰山搞封禅仪式时，玄宗也命贾昌带了三百笼鸡跟随前往。不想这时贾昌的老父亲贾忠，在泰山脚下得急病死了，于是皇帝厚加抚恤，特别恩准贾昌奉送父亲灵柩回家乡雍州安葬，并且允许他乘坐驿车回去，也就是公车，殡葬用品和丧车也都由县官备办。

于是，正像现在有好多网民看到娱乐明星的收入远远超过科学家、工程师而感觉不公平一样，皇帝赐给贾昌的荣宠，也引起了当时很多士人的不满。他们觉得只有读书做学问的人，才有资格承受这样的浩荡皇恩，"学而优则仕"嘛。再不然能打仗也行啊，封侯万里，都是打出来的。

可是，现在贾昌这样一个毛都没长全的黄口小儿，字也不识得几个，既不会吟诗作赋，也不会冲阵杀敌，就凭当"鸡头"的本领，就有这么高的地位和待遇，实在让人鼻子都气歪了。

于是有人写了这样的诗谣来嘲讽他："生儿不用识文字，斗鸡走马胜读书。贾家小儿年十三，富贵荣华代不如。能令金距期胜负，白罗绣衫随软舆。父死长安千里外，差夫持道挽丧车。"

　　不过，这位贾昌后来其实倒是一位挺有气节的人。安史之乱后，贼头安大胖子（安禄山）因为当年来长安时曾经观看过斗鸡表演，用千金悬赏征求贾昌的下落，让他继续为自己的伪政权粉饰太平。但是贾昌隐姓埋名，藏匿在佛寺，扫地敲钟，过着极为清苦的日子。要知道，当时连玄宗皇帝的女婿都投靠了安禄山呢。

　　好了，贾昌的事先不提了，我们再说斗鸡。

◉ 进贡"神鸡"得宠

　　安史之乱后，虽然国势衰落，但皇帝对于斗鸡的兴致并没有消减。《西阳杂俎》中就记载过：唐穆宗时，为了取悦皇帝，威远监军特意在寒食节前后，正是盛行斗鸡的时候，献给穆宗皇帝一只"神鸡"。这只鸡比正常的鸡高好几寸，神勇无敌，鸡中难逢对手。本来它是军中将官臧平之物，但监军权势大，夺人所爱是常有的事，只用了十匹绢布就强买过来。

　　当时穆宗的兄弟，所谓的"十宅诸王"个个都是斗鸡爱好者，但他们豢养的斗鸡根本不是这只神鸡的对手。

西安长安区郭杜镇出土的唐代黄褐釉斗鸡俑。它体健腿长，是典型的斗鸡形象

这只"神鸡"一个打十个，打了十多场，还斗志昂扬，大有睥睨天下之势。这妥妥的是斗鸡中的战斗机啊！

唐穆宗心中大悦，厚赐威远监军绢帛上百匹。钱物倒还是次要，能博皇帝欢心，前程自然锦绣，这才是更重要的。

⊚ 李白斗鸡惹事端

当时唐代社会，斗鸡成为一种时尚，成为当时作为国际性大都市的长安城的一个亮丽的"文化符号"。李白有诗："一百四十年，国容何赫然。隐隐五凤楼，峨峨横三川。王侯象星月，宾客如云烟。斗鸡金宫里，蹴鞠瑶台边。"

说到大诗人李白，也是一个斗鸡爱好者。他有诗写给朋友陆调，答谢他当年的相救之恩："我昔斗鸡徒，连延五陵豪。邀遮相组织，呵吓来煎熬。君开万丛人，鞍马皆辟易。告急清宪台，脱余北门厄。"

什么意思呢？就是说李白原来也经常玩斗鸡，于是惹到了一些社会上的人。所谓五陵豪，本指一些富二代，后来也代指一些社会闲杂人员，就好比电影《老炮儿》里和六爷做对的那些人。

我们知道斗鸡的游戏，很多情况下是带彩的，也就是有一些赌博的性质，和地下拳场的黑拳相似。斗鸡得胜后，往往会赢一大笔钱，或者赢得对方的物品。中唐诗人张籍的诗中就说："日日斗鸡都市里，赢得宝刀重刻字"——通过斗鸡把对方的宝刀赢过来后，重

2012 年，在位于隋唐洛阳城遗址西北郊、邙山南麓的国花宝居小区建设过程中，洛阳市文物考古研究院的考古学者发掘出 220 余件唐代文物。其中，有三彩鸡俑 9 件，青釉陶鸡釉 1 件。为了便于记住它们，分别称为鸡老大、老二、老三、老四、老五、老六、老七、老八、老九、老幺

新刻上自己的名字，这把宝刀就算改主人了。

但是，斗鸡这个游戏没有裁判，不免有一些赌品不佳、赌性不良的人输了不认账，就要打架生事。

李白就惹到这样一伙人，他们"邀遮相组织"，招集到一大批"花臂男"，个个气势汹汹，一副要钱不要命的架势。这要是别的朝代的文人，可能一见这场景就怂了。但唐朝的文人可不一样，个个也好勇斗狠，性格倔着呢，在他们的理念中，都是"没有撤退可言"，于是，李白就和他们打起来了。

李白虽然习练过剑术，十分能打，但好汉架不住人多，饿虎还怕群狼，一时间情况十分危急。幸好朋友陆调及时赶到，陆调也是个猛人，一下子就喝退了众流氓，同时报了"警"（告急清宪台），为李白挡过这一灾。

韩愈、孟郊的斗鸡诗

以疏放著称的诗仙李白有斗鸡的经历不足为奇，可谁知喜欢板着面孔教训人的韩愈老师（韩愈曾担任国子监祭酒，称之为老师并不为过），大讲“业精于勤，荒于嬉”的韩愈老师，也曾经和朋友孟郊（对，就是那个写“慈母手中线”的）一起赏玩斗鸡，并创作了诗坛空前绝后的《斗鸡联句》：

大鸡昂然来，小鸡竦而待。（愈）
峥嵘颠盛气，洗刷凝鲜彩。（郊）
高行若矜豪，侧睨如伺殆。（愈）
精光目相射，剑戟心独在。（郊）
既取冠为胄，复以距为镦。天时得清寒，地利挟爽垲。（愈）
磔毛各噤瘁，怒瘿争碨磊。俄膺忽尔低，植立瞥而改。（郊）
腷膊战声喧，缤翻落羽皠。中休事未决，小挫势益倍。（愈）
妒肠务生敌，贼性专相醢。裂血失鸣声，啄殷甚饥馁。（郊）
对起何急惊，随旋诚巧绐。毒手饱李阳，神槌困朱亥。（愈）
恻心我以仁，碎首尔何罪。独胜事有然，旁惊汗流浼。（郊）
知雄欣动颜，怯负愁看贿。争观云填道，助叫波翻海。（愈）
事爪深难解，嗔睛时未怠。一喷一醒然，再接再厉乃。（郊）
头垂碎丹砂，翼拓拖锦彩。连轩尚贾余，清厉比归凯。（愈）
选俊感收毛，受恩惭始隗。英心甘斗死，义肉耻庖宰。（郊）

君看斗鸡篇，短韵有可采。（郊）

　　孟郊还说是短韵，其实已经不短了，这是斗鸡诗中最长的一篇了。清代学者朱彝尊就曾经大夸这诗写得生动，说读者看了这首诗，就像亲身观看了一场斗鸡一般——"如赴鸡场亲观角伎，陡尔醒眼"。

　　诗中描写了两只场上的斗鸡，一大一小，神态不一，一个来势汹汹，一个战战兢兢。它们装备精良，武装到了脚趾，爪子上装有金距，就是带有尖刺的铁环，起到加强攻击的效果，鸡冠子上套有护甲，以减轻对方啄到时的伤害。

　　战斗场景非常激烈，打得羽毛纷飞，鲜血横流，败者委顿于地，连哀鸣都发不出来了。除了斗鸡场上的惨烈情景，诗中还描写了场外观众的情景，他们挤满了道路，助威喝彩的声音，像大海的波涛一样，一浪高过一浪，气氛相当 high。

　　韩孟这首诗还给咱们创造了一个成语，就是"再接再厉"。这个词大家经常写错，经常把"厉"写成"励"，以为是鼓励自己的意思。其实不然，诗中写的是再接——再去打，再厉——"厉"通"砺"，就是说把尖嘴和爪子弄得更锋利一些。明白了这些，我都不好意思再用这个成语了，说了好多次再接再厉，敢情是把自己当斗鸡呢！

　　"马上抱鸡三市斗，袖中携剑五陵游。"假如你穿越到唐朝，不会玩斗鸡，你就很难融入唐代社会的时尚圈。你看人家唐朝的公子哥儿们是怎么享受生活的，或者说他们的理想生活状态是怎么样的：

"少年从猎出长杨，禁中新拜羽林郎。独对辇前射双虎，君王手赐黄金珰。日日斗鸡都市里，赢得宝刀重刻字。百里报仇夜出城，平明还在娼楼醉。"（出自张籍《少年行》）

充当禁卫军军官，跟从皇帝去郊外射猎。射杀双虎后，皇帝赐了黄金冠饰。然后闲着没事就去玩斗鸡，赢下对方的宝刀刻上自己的名字。晚上听说有不平之事，就夜行百里，前去报仇。回来还不误去酒楼找歌女一起大醉一场。

看唐朝人过得潇洒不？所以连宋朝有名的"正经人"，以勤奋好学、持身清正著称的王安石先生，也曾经心中一荡，有过这么一个念头，想穿越到大唐，当一个开开心心、没心没肺地过一辈子的市井之徒："愿为五陵轻薄儿，生在贞观开元时。斗鸡走犬过一生，天地安危两不知。"

正所谓："行乐三春节，林花百和香。当年重意气，先占斗鸡场。"寒食清明前后的春日，是唐人斗鸡最盛行的时候。春天来了，万物复苏，又到了令人激动的斗鸡时节啦……

由于千年的沧桑，我们已经无法目睹当年的斗鸡盛景，诸如唐代画家阎立德的《斗鸡图》、张萱的《明皇斗鸡射鸟图》等，都没有真迹留存。前面看到的《明皇斗鸡图》是宋人画的，但是鲁殿灵光还是有的，在一些历史文物中残留下点滴的吉光片羽。

在武则天的第二个儿子，即章怀太子的墓中，有这样一幅壁画，

章怀太子墓壁画中的斗鸡形象

上面有一位侍女，她头梳高高的发髻，身着白色短襦绿色（大家可能看不太清，因年代久远，绿色消退殆尽）长裙，手中托着一个红布包着的大公鸡，这只公鸡应该就是章怀太子的专属斗鸡。

唐人说，不吃饭行，不打猎没法忍

无论是吃喝玩乐，还是衣食住行，我们确实比古人强了许多。话说古时候，普通人连听歌看舞的资格都没有，就算是帝王也不能像我们现在，想看就看，就是手指划下屏幕的事儿。但是，和古人比，我们唯独缺少了打猎这个娱乐项目。

记得有小朋友问过我，是不是现代人享受到的游戏和乐趣，都要比古代人强很多？当时想了想，无论是吃喝玩乐，还是衣食住行，我们确实比古人强了许多。话说古时候，普通人连听歌看舞的资格都没有，就算是帝王也不能像我们现在，想看就看，就是手指划下屏幕的事儿。但是，和古人比，我们唯独缺少了打猎这个娱乐项目。

在古代，打猎也曾一度被视为沉湎玩乐、丧心丧志的一种行为。老子所著的《道德经》中，就说"驰骋畋猎，令人心发狂"，郑重地告诫人们不要沉溺于打猎的活动中而忘了正事。

其实，每个年代都有所谓的"玩物丧志"的事儿。20世纪90年代没有电脑时，泡在台球厅，被认为是坏学生的标志；有了电脑后，网吧就成了逃课学生的"巢穴"；现在有手机，更加防不胜防，刷视频、看直播、玩各种线上游戏……

不过我们也能从这句话知道，古代人是多么喜欢打猎这种活动，和我们玩手机一样上瘾。其实，打猎最早并不是娱乐活动，古时将打猎称为"田猎"，意为保护农作物不受野兽的啃咬践踏。说来在远古时代，人们要活下来，就是依赖打猎和采集果实，这是人类最早的生存技能。不过，后来人们会种地了，也会养牛养羊养猪养鸡了，所以打猎不再是生存需要，而演化为一种娱乐活动了。

　　秦朝的宰相李斯，被赵高陷害，被腰斩之前，对自己的儿子说："吾欲与若复牵黄犬俱出上蔡东门逐狡兔，岂可得乎！"——"唉，现在我再想和你一起出城门去打野兔，已经不可能啦！"临死前李宰相最大的依恋，不是美酒美人，不是山珍海味，而是出城打猎追逐野兔时的兴奋和快乐。

章怀太子墓壁画《狩猎出行图》局部一

　　我们来看这幅《狩猎出行图》，它位于章怀太子墓的墓道东壁，十分精美壮观，充分反映了唐人出猎时的情景。原图高约 2 米，长近 9 米，整幅画面中现存 46 个鞍马人物，浩浩荡荡地奔驰在长安郊外的大道上。

　　从画面上，我们可以深刻体会到唐人狩猎时的浩大声势。《狩猎出行图》为我们回放了当年一段珍贵的记忆。

◉ 皇帝爱打猎　经常被劝阻

　　在唐朝，打猎更是风靡整个社会，从皇亲国戚到普通将卒，都对打猎兴趣极浓。唐朝时，李世民的弟弟李元吉曾经放言："我宁三日不食，不可一日不猎"——三天不吃饭可以，一天不让我打猎我就忍不了。其实李世民打猎的瘾，一点也不比李元吉小，史书中李世民要去打猎时被多位大臣劝诫的记载真是太多了。

　　大家现在看电视剧，印象中皇帝往往都是赢弱无力的，个个沉湎酒色，出门让人抬着，走路也要宫女太监们搀扶，简直是废柴一枚。

　　其实，不排除有这种病恹恹的皇帝，但唐朝皇帝大多数都是很英武健康的，尤其是李世民这样的，他是从尸山血海中杀出来的人，打猎时当然一点也不怵了。

　　贞观五年，公元 631 年，高昌国王麴文泰来访问大唐，李世民请他喝酒吃肉，打猎唱歌，并兴致勃勃地对他说："大丈夫在世，乐事有三：天下太平，家给人足，一乐也；草浅兽肥，以礼畋狩，弓不虚发，箭不妄中，二乐也；六合大同，万方咸庆，张乐高宴，上下欢洽，三乐也。"

我们看，李世民把打猎这件事，和天下太平、五谷丰登，以及四海一统、欢庆喜宴相提并论，可见他对打猎实在是太喜爱了。不知道现在的小朋友们会不会将玩手机列为人生三乐之一呢？

李世民有一次去洛阳苑打猎，他大显神威，箭术如神，收获了很多猎物，正得意间，突然一群野猪从灌木丛中嗷嗷叫着跳了出来。李世民连发四箭，射死四头野猪。但是，有一头野猪突然闯到了李世民的马镫下，民部尚书唐俭不顾个人安危，想挡在前面救驾。哪知李世民不慌不忙，挥动宝剑，一剑就劈进了这头大野猪的脑门，大野猪哼了一声，就一命呜呼了。

看着一头大汗的唐俭，李世民讥笑说："天策长史不见上将击贼邪，何惧之甚？"——你没有见过当年我冲阵杀敌的威风啊，这区区野猪，又有什么好怕的？

但唐俭却板起脸来批评皇帝："当年汉高祖刘邦说过，虽然是马上得来天下，但不能从马上治理天下。现在陛下有治理国家的重任在肩，就不能以斩杀野兽为乐，和以野兽比蛮力为荣。"

言下之意是说，现在唐太宗是皇帝的身份，万一因猎杀野兽出了危险，会影响国家命运的。

唐太宗听了，有所醒悟，不久还升唐俭为光禄大夫。不过，从事后来看，李世民打猎的瘾并没有根除。有一次太宗皇帝又心中痒痒了，决定出郊打猎，突然遇上了一阵暴雨，油布做成的雨衣也无法抵御，淋得太宗浑身湿透，像只落汤鸡。

于是太宗问身边的谏议大夫（负责给皇帝提意见的大臣）谷那律："有什么好办法，能让雨衣不渗雨呢？"谷那律一本正经地说："用瓦来做雨衣，就不会漏雨了！"

太宗听了一愣，随后才明白他是劝谏自己少出门打猎，待在红砖碧瓦的皇宫里，当然没有淋雨的烦恼。太宗是明君，没有发火，而是奖赏了此人。不过从史实看，太宗戒打猎的瘾，就像现在的烟鬼戒烟一样：有什么难戒的，我都戒了好多次了！

太宗的妻子——长孙皇后临终时还是劝诫李世民："省作役，止游畋，妾虽没于九泉，诚无所恨！"——少征民夫大兴土木，不要再打猎，要是能这样的话，妾身在九泉之下，也没有什么好担心的了。

史官记载这件事，是为了说明长孙皇后是个贤明的皇后，但从另一个角度看，让长孙皇后死前还惦记着这件事，由此可见，李世民打猎的瘾有多大。

为了"粉饰"自己贪爱狩猎的行为，李世民还写了几首诗。像《出猎》中最后两句说"所为除民瘼，非是悦林丛"，意思说自己打猎时除掉了不少的狼虫虎豹，是为民除害，并非只是为了自己娱乐开心。

打造大唐开元盛世的李隆基，也酷爱打猎，他还曾经一边打猎，一边和贤臣姚崇谈论国家大事，正像现在的企业家一边打高尔夫球一边谈生意一样。李隆基还在下了大雪以后，带着人出宫去打猎，还写诗说："触地银獐出，连山缟鹿见。月兔落高罾，星狼下急箭。"山中的獐、鹿、兔、狼之类的猎物纷纷中箭落网，高兴之余，李隆基还自我粉饰了一下："既欣盈尺兆，复忆磻溪便"——意思说这次出猎是为了庆贺瑞雪兆丰年，而且也效法当年周文王狩猎渭水，遇到姜太公这个人才的做法啊！其实，别信他这些话，他就是想玩儿，嘻嘻！

☯ 昏君唐敬宗的"猎狐行动"

像唐太宗、唐玄宗这样的人，总还有点自律性，但是像唐敬宗这样的顽皮少年就不一样了。唐敬宗16岁就继承了皇位，当上了皇帝。有一次他要到骊山行宫去玩，拾遗张权舆进谏说骊山行宫那地方很邪乎，周幽王游了骊山就亡了国，秦始皇葬在那里二世而亡，本朝的玄宗皇帝在骊山行宫住了一段，结果安史之乱发生了，先帝（穆宗）去了一趟骊山，享年不长。

哪知道张权舆越是这样说，唐敬宗越觉得骊山既神秘，又好玩。于是执意去了骊山行宫。回来后，还扬扬得意地夸耀了一番："看，我去了又能怎么样呢？"

所以任性的唐敬宗玩闹起来没什么节制，他有一个奇特的爱好，就是喜欢捉狐狸。大家知道，狐狸的活跃时间是在夜间，于是敬宗经常以晚上到荒坟野岭捕杀狐狸为乐。你想他每天晚上捉狐狸，白天哪还有心思上朝理政？所以他白天经常呼呼大睡，上朝的老臣们

唐代韩干作《神骏图》

左等皇帝不来，右等皇帝不到，有的人甚至因为站得久了，晕倒在朝堂上。所以敬宗把国事治理得一塌糊涂，后来被宦官刘克明谋杀，年仅 18 岁，是唐朝皇帝中享年最短的。他也因为"猎狐行动"成为沉溺于游猎的反面教材。

当然了，作为皇帝，任何的爱好痴迷过度，都会对治国理政有着不良的影响，像宋徽宗喜欢书画，应该是高雅的事吧，一样荒废朝政。

打猎这件事，公平地说，一定程度上能锻炼体魄，增强武力，是一项积极有意义的军体活动。唐朝皇帝因为普遍喜欢打猎之类的运动，骑马的本领很好。正是因为这样，虽然唐朝的都城长安曾经被安禄山、黄巢、吐蕃人等多次攻陷，但唐朝皇帝一个也没有被活捉。

像黄巢攻进长安时，唐僖宗骑上快马，一口气跑到成都，那个速度简直是风驰电掣，随从们都跟不上他，能比得上关老爷"千里走单骑"了。对比来看，宋徽宗、崇祯皇帝之类的就没有这样的逃命技能，这就是酷爱打猎的益处。

"林暗草惊风，将军夜引弓"，在唐朝，武将健卒们射猎自然是老本行，有道是"胡风略地烧连山，碎叶孤城未下关。山头烽子声声叫，知是将军夜猎还"。驻守在边塞的将军士卒们，出去打个猎放松一下，自然是家常便饭。

◉ 文人和女人一样爱打猎

你以为只有皇帝、武人喜欢狩猎？不，就算是整天舞文弄墨写诗的文人，也是酷爱这一活动的，像李白就写过这样的诗：

> 骏发跨名驹，雕弓控鸣弦。
>
> 鹰豪鲁草白，狐兔多肥鲜。
>
> 邀遮相驰逐，遂出城东田。
>
> 一扫四野空，喧呼鞍马前。
>
> 归来献所获，炮炙宜霜天。
>
> 出舞两美人，飘飘若云仙。

留欢不知疲，清晓方来旋。

诗里的意思是说：正值狐兔们的秋肥之季，天气凉爽，大伙儿骑着骏马，拿着雕弓，架着凶猛的苍鹰，出城打猎。一时间四野的鸟兽被捕捉一空，众人的欢呼声、吆喝声盈于四野。日暮时分，大家架起火来把得来的野兽就地烧烤。在这寒冷的霜夜中，点起火堆，吃喷香的烤肉，还是别有一番情趣的。喝酒吃肉之余，还有两个美人出来歌舞助兴，大家也一直狂欢不倦，直到天明后才兴尽回城。

现在有首歌《野摩托》有句歌词："我想邀请你坐上我的野摩托，我愿意带你喝酒吃肉再唱歌。"相比之下，我更愿意骑上快马，和唐朝人一起去城外打猎，然后一样可以"喝酒吃肉再唱歌"。

李白这首诗，虽然写得不如王维的"风劲角弓鸣，将军猎渭城。

北宋佚名《游骑图卷》，描绘一队人马出行的场面

草枯鹰眼疾，雪尽马蹄轻"更轻快俊爽，也不如韩愈的《雉带箭》更生动传神，但却实实在在地写出了唐代人游猎时非常全面的娱乐过程。较之王维、韩愈之作，李白这首诗纪实性更强一些，把古人田猎时的真实情景说得明明白白。

武将打猎是本行，文人打猎也不算稀罕。你们知道不，在唐朝，连女子也乐于参与射猎？有道是："辇前才人带弓箭，白马嚼啮黄金勒。翻身向天仰射云，一箭正坠双飞翼。"看到没？皇帝随行的妃子（才人），也能一箭双雕，射落飞鸟的。

仅仅是这首诗，或许还不足为凭，而从李渊的孙女金乡县主的墓里出土的带猞猁狩猎女俑来看，女人也可以像男人一样去郊外出行打猎的。正所谓："李波小妹字雍容，褰裙逐马如卷蓬，左射右射必叠双。妇女尚如此，男子安可逢！"

⚙ 唐人打猎时的"好帮手"

大家仔细看，这件陶俑马上的女子，头梳双髻，长得胖乎乎的，身后还蹲着一只大猫——哦，这不是大猫，是猞猁。我们知道，一般的猫虽然也身手敏捷，但对付大型的猎物，会有心无力。我曾经看到短视频上，一只大公鸡都把花猫啄得落荒而逃。而猞猁这种

金乡县主墓带猞猁狩猎女俑

动物，虽然也是猫科，但体形力气比猫要大得多。猞猁身长可达1米多，体重达30公斤，和萨摩耶、金毛这一类的狗差不多。你想这猞猁拥有猫的敏捷，中型犬一样的力气，战斗力是不是很可观？所以，对付一般的兔子、獐子之类的猎物，猞猁都能扑上去帮主人的忙。

有读者可能说，猞猁还是力气有限，要是有野牛、黑熊之类的，那它的威力就远远不够了。当然，那种猎物，就连猎狗也斗不过的。

别急，唐朝人打猎时，还有更凶猛的帮手，那就是驯好的豹子。没错，豹子也可以驯服后成为打猎的帮手。你不信？其实现在也有人驯服豹子当宠物，一些中东的土豪们就喜欢干这事儿。

唐人驯豹子，这事也是有历史依据的。除了下面这幅骑马带豹

狩猎胡俑外，懿德太子墓过洞处，就有一幅《驯豹图》，图中一个男人就牵着一头看起来很听话的豹子。可想而知，有了这个好帮手，就算有大型的野生动物，也不愁将其猎杀捕拿。

金乡县主墓骑马带豹狩猎胡俑

不仅如此，唐朝人的打猎队伍中还有"空中力量"。相当于轻型战斗机的是鹞子，这鹞子属于小型猛禽，能捕捉一些小鸟，而且能提前发现猎物，起到"预警机"的作用。

当然，单有鹞子是远远不够的，"空中力量"的组成中还有被李世民封为"将军"的大白鹘。"兔起鹘落"这个成语，就是描写鹘鸟捕捉兔子时那种迅捷如电的紧张情景。李世民养的大白鹘，应该是海

懿德太子墓壁画《驯豹图》

东青这一类的猎鹰。这种大鸟可以有十来斤重，翼展达2米多，爪子像铁钩一样坚硬。别说兔子，就连狐狸这样的大型动物，鹘鸟也能将它捕杀。

这种海东青产于辽东和朝鲜半岛，是当时的贡物之一。像窦巩有《新罗进白鹰》一首诗就这样写道："御马新骑禁苑秋，白鹰来自海东头。汉皇无事须游猎，雪乱争飞锦臂鞲。"

这里面的"臂鞲"，就是古人打猎时，套在胳膊上的皮制袖套。因为这些猎鹰们经常落在主人的胳膊上，如果没有厚厚的皮套，不但会把衣袖抓坏，而且还有可能把胳膊抓破出血。所以唐人出猎的装束上，往往有这样一个物件。

唐朝人打猎时，不但有鹰犬豹猫（猞猁）这些帮手，还会提前挖陷阱、堑壕、土坑，并且设套、拉网、埋刺，然后大家几乎把整个山林包围起来，再敲锣打鼓，飞鹰放狗地驱赶，把猎物都撵到一个狭小地域，然后皇帝贵戚之类再出手射杀。当然了，为了"可持续发展"——也就是为了以后还有猎物可捕，当时也有一些约定俗成的规矩，那就是一旦有猎物跑出包围圈，就任其逃走，不能赶尽杀绝。

猎获的大型动物如野牛、黑熊、麋鹿之类，要扛回去当祭品献到宗庙中，或者大家公分。一些小的猎物如山鸡野兔之类就归个人所有，所以大家都是兴高采烈，满载而归。

懿德太子墓《架鹰戏犬图》

◉ 有关打猎的是非之争

唐朝人普遍喜欢打猎，但到了宋代，重文轻武的舆论势力越来越强大，文臣们对打猎这种活动的抵制声音越来越多，以至于从宋仁宗开始，皇帝不再进行打猎的活动。但正是因为如此，宋朝缺乏了尚武精神，后来面对蛮族的入侵，只有被动挨打的份儿，著名的段子就是："金有狼牙棒，宋有天灵盖。"宋朝皇帝也因为不会骑快马，身体素质不高，没法像唐朝皇帝那样拥有千里走单骑的逃命功夫。

游猎之事，确实也只有一些雄健能武之人才引以为乐。试想如果手无缚鸡之力，拉不开硬弓，骑马都怕摔跟头，更别提会遇上熊罴猛虎之类，哪里会将打猎当好玩的事儿？只有自己孔武有力，箭无虚发，马如闪电，在众人面前称雄，获取猎物很多，才有很强烈的愉悦感吧。

不过，打猎收获的快感也是其他娱乐活动难以替代的。你想如果你能催动快马，疾风一般地在旷野中飞驰，张弓搭箭，一箭将逃窜的野兔或黄羊之类射倒，那一瞬间的快感，恐怕比踢足球射门命中的喜悦还要大吧。

应该说人有潜在的猎杀兴趣，像现在网络上最火的"吃鸡"游戏这一类，就是迎合了人们心中打猎和争杀的原始欲望。然而，古代没有逼真的电脑游戏，但带上弓箭刀枪，左手牵黄狗，右臂擎苍鹰，去深山老林中来一场惊险刺激的真正的猎杀游戏，岂不是让人非常兴奋和激动？

　　这其实比现在捧着方便面，盯着玻璃屏幕中的虚拟世界流口水更有趣得多吧！而且打猎和打游戏相比，前者能强健身体，提升武力值，后者却摧残身体，弄得眼昏头秃，成为废柴一枚。

　　一味地享受安逸，其实也并不快乐，正像现在有很多的驴友们不辞劳苦，去四处探险一样。打猎是一项有益身心、强健体魄的活动，活了93岁的杨森说："打牌、打麻将，壮人也会打死；打拳、打球，弱人则能打壮。"

　　只可惜，由于种种原因现在打猎这种非常刺激的游戏已经不是一般人能够享受得了。但是在唐朝，打猎是再普通不过的一种活动，这也是古人独有的福利吧？！

第三章

唐人最爱的体育比赛：马球

唐人爱马，骑术精良，所以在唐朝最风行的是马球。骑着马来打球。马球这样运动变得更为激烈和刺激。马球的玩法是人骑在马上，手持类似现在曲棍球球棍的马杆，击打地上的木球，因为不再用脚来踢球，所以可以用坚硬的木球。玩时大伙儿分为两队，众人抢击马球，打入对方球门者胜。

现在，足球被称为世界第一运动，在所有的体育活动中，足球的魅力是最不可取代的。每当世界杯足球赛举行时，亿万人的目光都聚焦在赛场上，很多人甚至放弃了手头重要的工作，也要看完决赛。1969 年，非洲的刚果正在打内战，而为了看球王贝利的足球赛，战争的双方一致同意停火两天。

◉ 蹴鞠（类似足球）的流行

蹴鞠，其实就是现在足球的前身，传说黄帝擒杀了蚩尤，为了发泄余恨，就把他的胃里塞满毛发以后缝起来当球踢。后来发展成用皮囊装上干草毛发之类的东西，互相踢着玩。

西汉时期，汉军因缺粮无法进军，只好驻守在荒漠中。士卒士气低落，有的泪汪汪地思念家乡，有的唉声叹气地抱怨苦寒难耐，日复一日的操练也让他们不胜其烦。霍去病觉得，光靠严厉的军令，虽一时能控制军队，但无法凝聚军心。于是他想了个好主意，他让匠人缝了一个皮球，叫将士们在荒漠上平整土地，修出一个球场，然后挖两个小土坑，只要能踢到对方的土坑里，就算胜利，会奖以酒肉。这样一来，大伙儿的兴致顿时高了起来，将士们你追我赶，跑得满头大汗，一场球踢下来，真是痛快淋漓，什么思乡之苦，边塞之愁，全都丢在脑后了。而且，这样日复一日地锻炼，汉军将士们个个身强体壮，为后来对抗匈奴打下坚实的基础。(《汉书·卫青霍去病传》记载："其在塞外，卒乏粮，或不能自振，而去病尚穿域蹋鞠也。事多此类。")

这个传统，到了唐代，依然盛行，韦应物有诗："园林过新节，风花乱高阁。遥闻击鼓声，蹴鞠军中乐"，就是说的军营中的蹴鞠活动。

唐朝康骈的《剧谈录》记载了一个女子踢球的故事，说是有一年的春天，刚下过一场淅淅沥沥的春雨，长安城胜业坊北街的道旁槐树下，有一个头梳三鬟的女孩子，年纪才十六七，穿得破破烂烂，脚穿木屐。当时，一群军中少年正在踢球，有一个球就飞到她面前，于是她抬脚就是一下，那球直飞上天，高有数丈，让众人惊讶不已，观看者也越来越多。

唐朝时，制球的工艺也大大地进步，像上面说的汉代时霍去病的军队踢球，只是皮囊里塞草，而唐代人从以前的两片皮缝制成球，升级为八片尖皮缝合而成，这样有什么好处呢？好处就是缝出来的球，更接近于圆球状。当然我们现在踢的足球是32块皮子缝成的，更加接近于正球体。

《太平广记》记载，皮日休曾去拜访归仁绍，几次前往都不得见。皮日休心里不满，写了一首《咏龟》诗："硬骨残形知几秋，尸骸终是不风流。顽皮死后钻须遍，都为平生不出头。"皮日休把归仁绍比喻成死乌龟了。皮日休再来拜访，归仁绍就在他的名片"皮"字下，题了一首诗送给他："八片尖裁浪作球，火中燖了水中揉。一包闲气如长在，惹踢招拳卒未休。"因为诗人姓皮，所以用皮球来嘲讽他。

他们之间的争骂我们且不去细究，后人感兴趣的是唐代踢的球是什么样的，上面那句写球的"一包闲气如常在"，给文史学家们提供了坚实的证据，原来唐朝的球（或称鞠），也是充气的。据有关资料佐证，唐人对球壳内塞毛发做了改进，他们放进去一个猪或羊的尿泡（即膀胱）。这东西和鱼鳔一样，是有弹性的，然后再"嘘气闭而吹之"，用嘴像吹气球一样吹起来，于是能充气的球就做成了。

这样的球踢起来就非常类似现在的皮球了，弹性大，重量轻，比沙包一样的皮囊式足球强太多了。

当时的玩法是"植两修竹，高数丈，络网于上"，也就是说唐朝的球门是在几丈高的两根竹竿上挂了一个网，两队球员不是互相抢球对攻，而是站在这个球网的两侧，起脚射门，以射门命中者多寡计胜负。我感觉大致就相当于互踢点球的模式，缺乏抢球时的热闹。

当然，好像还有其他的玩法，像史料中记载的女子们玩球时，

唐朝含光殿球场石志

往往以球不落地，踢球时的姿势和花式多样为乐。到了宋代，高俅踢球时的动作技巧似乎就是这一路，《水浒传》中写道："高俅只得把平生本事都使出来，奉承端王。那身分模样，这气球一似鳔胶粘在身上的。"我们看，就是以不落地为胜，和踢毽子相仿。

◉ 蹴鞠的 hard 模式——马球

不过，对于彪悍的唐朝人来说，蹴鞠这事儿，只是不够过瘾的 easy 模式，唐朝人玩也要玩得雄健大气。由于唐人爱马，骑术精良，所以在唐朝最风行的是马球。骑着马来打球，这样运动变得更为激

唐李邕墓打马球图

烈和刺激。

　　这马球的玩法是人骑在马上，手持类似现在曲棍球球棍的马杆，击打地上的木球。因为不再用脚来踢球，所以可以用坚硬的木球，一般是中间镂空，并涂以彩色。玩时，大伙儿分为两队，抢击这个马球，打入对方球门者胜。

　　当时的球场，用细细的黄土掺杂了小石子、细沙石、稻草灰等铺成，然后用石碾子碾轧得镜面般平整，又遍浇了麻油。这样即便是天干不雨，也不起灰尘。

　　有唐一代，从皇帝到平民，上上下下都很热衷于这项运动。李隆基未当皇帝前，就十分热爱马球，还和吐蕃进行了一场对抗赛。当时是吐蕃人来迎娶唐中宗所许下的金城公主。在招待这些吐蕃"外宾"

时，唐朝不但设下酒宴，还组织了一场马球友谊赛。吐蕃队一开始气势很盛，比分遥遥领先，中宗感觉大失面子，非常焦急。这时尚为临淄王的李隆基带上虢王李邕、驸马杨慎交（长宁公主的老公）、武延秀（安乐公主的老公）上场后，愣是把比分扳了回来，转败为胜。要说大唐的优秀男儿就是不赖，比现在中国足球队那群球员强多了。

后来李隆基当了皇帝，依然对打马球乐此不疲，当时发生了一件事，马球赛中"荣王堕马，闷绝"——倒在地上昏死过去了。这时有一个伶官（演戏逗乐的艺人）叫黄幡绰，见皇帝越来越老，越来越胖，还玩这样剧烈的对抗性游戏，于是劝他："大家（指皇帝）年纪不为小，圣体又重，傥马力既极，以至颠踬，天下何望！"——皇帝已经不年轻了，体重也超标，如果马有失蹄，造成伤害，那天下不就没了指望了？但是，李隆基也没有听进去。

以下是李公麟所绘的名作《明皇击球图卷》，图中画了16名骑马赛手，有男有女，其中胖脸长须者，应该是唐玄宗的形象，其他还有不少的内侍、嫔妃之类相伴。尤其令人惊叹的是，这些美女也是身跨骏马，手持球杆，驰骋于马球场上。

马球，确实是一项比较危险的运动，古人也没有头盔护具什么的，所以受伤的情况也很多。韩愈曾经劝上司张建封不要沉迷于打马球，说："小者伤面目，大者残形躯"——轻者打到脸，伤到眼，重者摔下马来，成为残废。他还说："然则球之害于人也决矣。凡五脏之系络甚微，立坐必悬垂于胸臆之间，而以之颠顿驰骋，呜呼，其危哉。"韩愈觉得人的心肝五脏在体内也未必"装"得结实，整天

北宋李公麟所绘《明皇击球图卷》

在马上颠簸，会把五脏晃坏的。韩愈的理由听起来有点奇怪，不过张建封根本不听他的，韩愈因此极为郁闷。

唐宣宗时金吾将军周宝就因为打马球受伤，"眚一目"，瞎了一只眼睛成了独眼龙。成德节度使李宝臣的弟弟李宝正跟魏博节度使田承嗣的儿子田维打马球，"马骇，触维死"。李宝正的马突然受惊，将田维撞死，由此两家藩镇结下深仇大恨。

不过，虽然马球有这么高的危险性，但还是不能抵消马球游戏所带来的精彩刺激。有唐一代，热爱马球的皇帝实在太多了，唐穆宗、唐敬宗都是有名的昏君，史载终日沉溺于马球游戏之中，并不为奇。而唐宣宗号称"小太宗"，比较有作为，但是马球照打不误，他还是一个球场高手——"每持鞠杖，乘势奔跃，运鞠于空中，连击至数百，而马驰不止，迅若流电。二军老手，咸服其能。"

我们看宣宗皇帝手拿球杖，趁着快马的奔跃之势，把球击打在空中不落地，有数百下之多，而快马一直没有停下来，这迅如雷电的手法，令军队中打球的老手也觉得很厉害。应该说宣宗皇帝的击球水平，已达到了职业水准。

而唐僖宗更是对身边一个叫石野猪的优伶说："如果打球也像科举一样有考试的话，朕一定是状元。"哪知石野猪并没有拍皇帝的马屁，反而说："如果担任主考官的是尧、舜二帝的话，他们可能会把陛下你给除名的。"言外之意是说僖宗皇帝这种以打球的本领为荣，却不以治国的本领为重的做法，像尧、舜那样的明君是不会赞许的。当然，石野猪旨在讽谏，他并不是否认唐僖宗球打得好。

英国维多利亚·阿尔贝蒂博物馆藏《马球图》，作者佚名

◉ 文人、女人的马球风采

在唐代，上行下效，不但骑马上阵的武夫们十分热爱马球，就连文人们也十分热爱。据《唐摭言》卷三《慈恩寺题名游赏赋咏杂记》记载，晚唐进士们及第之时，除了欢宴庆贺，还要打一场马球娱乐一下。这一年（乾符四年，公元877年），新进士来到马球场，只见几名神策军军将，大模大样地占着马球场，不让这些书生玩。

这时候新进士刘覃"跨马执杖，跃而揖之曰：'新进士刘覃拟陪奉，可乎？'"——我是新进士刘覃，陪诸位玩一会儿，好不？那些军将开始抱着戏弄一下这个书生的心态，但随即他们就蔫了，只见这个刘覃"驰骤击拂，风驱电逝"，"俄策得球子，向空磔之，莫知所在"。这个书生不但动作飞快，而且控球极佳，线路奇特，这些魁梧军将都不是对手，于是在大家的嘲笑声中，灰溜溜地走了。由此可见，唐代的读书人也是德智体全面发展的，并非手无缚鸡之力的迂腐书生。

其实唐代的读书人，大都是热爱运动的。唐代的奸相李林甫，把持朝政 19 年，有"口蜜腹剑"之称。大家可能觉得他是个文弱之辈，殊不知他年少时也是酷爱打球的运动健将。《太平广记》载："李林甫，年二十尚未读书。在东都，好游猎打球，驰逐鹰狗，每于城下槐坛下，骑驴击球，略无休日。既惫舍驴，以两手返据地歇。"我们看，打球打得双腿都走不动了，以至于爬着回到歇息的地方。

唐代打马球铜镜

唐代彩绘仕女马球俑

不但书生擅长马球，就连女子也能在球场上一展风采。故宫里现藏有一面唐代铜镜，镜边的装饰图样正是四名女子骑马打球的英姿，可见在唐代女子马球运动也是很常见的。另外，1958 年陕西省西安市长安区南里王村唐韦洞墓出土彩绘打马球女俑三件，这三位女子都是头梳双髻，穿着乌鞋，着绿色、红色翻领外衣（现已褪色），一个个英姿飒爽，活跃在球场上。

晚唐诗人和凝有诗道："两番供奉打球时，鸾凤分厢锦绣衣。虎骤龙腾宫殿响，骅骝争趁一星飞。"花蕊夫人也有诗："自教宫娥学打球，玉鞍初跨柳腰柔。上棚知是官家认，遍遍长赢第一筹。"

晚唐著名的女诗人鱼玄机有一首《打球作》，诗中写道：

坚圆净滑一星流，月杖争敲未拟休。

无滞碍时从拨弄，有遮栏处任钩留。

不辞宛转长随手，却恐相将不到头。

毕竟入门应始了，愿君争取最前筹。

从诗中可以看出，当时的球是"坚圆净滑"，打起来像流星一样飞速运动，而所用的球杖是杖头弯曲类似月牙铲的模样。当然，作为情感细腻的女诗人，鱼玄机一面描写打球时的情景，一面又将情丝宛转的心绪融入了这首诗中，有一语双关之妙。不过，我们就不管这些了，我们从另一个角度能看出，晚唐之时，女子也经常参与

马球简化版女子白打

到打马球的活动中。

当然，由于男女体力的差异，马球这种连男人都难以驾驭的高难度游戏，对于这些女娇娥来说还是难了点。正如花蕊夫人诗中所说："殿前宫女总纤腰，初学乘骑怯又娇。上得马来才欲走，几回抛鞚抱鞍桥。"所以为了降低难度，先是将马换成驴，后来又干脆"白打"，或称步打，即不骑马了。

在地上跑着打，虽然远不如骑马那样场面激烈，但好处也是不少的：一是安全，减少了冲撞坠马带来的风险；二是场地需要的小，在一些开阔的庭院也可以玩；三是不必备马，让没有马匹或骑术欠佳者也可以来玩。

按现代的科学研究，运动可以让大脑分泌一种名为内啡肽的物质，这可以令人直接处于轻松愉悦的状态中。所以，打球给人带来的快乐是自古以来就为人们所欢喜的。

在我们现代社会，球类运动更加丰富多彩，足球、排球、篮球、网球、羽毛球、高尔夫球、台球、棒球……实在是太多了。从这一点上来说，我们要比古人更有条件在玩球中得到快乐，所以别一直抱着手机刷屏了，去打球，痛快淋漓地出一身大汗。

我们知道，世上的很多快乐都是以损害人的健康为代价的。且不说沉溺酒色、抽烟吸毒之类，胡吃海喝也都能让你体重超标，追剧刷抖音也能让你眼睛受伤，而唯一能让你觉得既快乐又对身体有益的事情，就是体育活动了。球类运动富有对抗性，让人既感到快乐，又强身健体，何乐而不为？

章怀太子墓打马球图

第四章

女子的专属活动：秋千和斗草

秋千，又名鞦韆，历史非常悠久，应该在春秋时期就有了，不过后来逐渐演化成了女子的专属游戏（男童有时也玩）。《开元天宝遗事》记载：「天宝宫中，至寒食节，竞竖秋千，令宫嫔辈戏笑，以为宴乐。帝呼为半仙之戏，都中士民因而呼之。」

🔴 女子的专属运动之一：秋千

清明时节，人们脱去厚厚的冬装，纷纷踏青出游。唐人酷爱的斗鸡游戏，也盛行于这个时段。我们发现，诸如蹴鞠、马球、打猎之类看起来十分彪悍的运动，都有女子参与的记载，但是斗鸡这件事，似乎很少有红颜美人的身影。

究其原因，应该是女子的天性就是善良的，看到两只动物打得鲜血淋漓，不像男人那样涌起所谓的血性，而是倍感凄惨恐惧吧。

不过，在春天盛行的娱乐方式中，女子也有独享的专利，那就是秋千这种游戏。

秋千，又名鞦韆，历史非常悠久，应该在春秋时期就有了，不过后来逐渐演化成了女子的专属游戏（男童有时也玩）。《开元天宝

清代陈枚《月曼清游图册》中女子荡秋千的情景

遗事》记载："天宝宫中，至寒食节，竞竖秋千，令宫嫔辈戏笑，以为宴乐。帝呼为半仙之戏，都中士民因而呼之。"

意思是说，唐玄宗天宝年间，到了寒食节，就竖起好多的秋千架子，让宫中的嫔妃在酒席宴间娱乐，皇帝称之为"半仙之戏"，后来京城里的百姓也都这样叫。

为什么叫"半仙之戏"呢，是因为打秋千的女子，身着盛装，人在空中，衣带飘飘，恍若天上的仙女下凡一般，所以叫"半仙之戏"。正如这首唐诗中描绘的情景："画阁盈盈出半天，依稀云里见秋千。来疑神女从云下，去似姮娥到月边。"

电影《妖猫传》中，杨贵妃就是荡着秋千出场的。不少人感慨道："看《妖猫传》被杨玉环荡秋千美到"，这个在盛宴前荡秋千的桥段，确实是有史实可以为证的。

唐玄宗后来遭遇了安史之乱，在亡命的路上，遇上了寒食节，他还惦记着玩乐呢，写诗说："公子途中妨蹴鞠，佳人马上废秋千。"他遗憾男的玩不成踢球游戏了，女的也荡不了秋千了，岁月静好的幸福时光，都被这场大动乱给搅黄了，这事其实最大的责任人就是唐玄宗自己！

中唐诗人王建有一首《秋千词》，生动地写出唐朝时人打秋千时的热闹情景：

长长丝绳紫复碧，袅袅横枝高百尺。

少年儿女重秋千，盘巾结带分两边。

身轻裙薄易生力，双手向空如鸟翼。

下来立定重系衣，复畏斜风高不得。

傍人送上那足贵，终赌鸣珰斗自起。

回回若与高树齐，头上宝钗从堕地。

眼前争胜难为休，足踏平地看始愁。

从诗中我们可以知道，打秋千一样可以赌胜负的，诗中的女子就赌上了自己的首饰（鸣珰）。而真正的秋千高手是不需要别人帮忙推动的（傍人送上那足贵），她们的技艺很高，能将秋千荡得和高高的树梢一般齐，但同伴实力也很强，姑娘觉得自己也难说有把握赢，所以下了秋千后，心中忧虑——"足踏平地看始愁"。

而刘禹锡诗中写的这些小姑娘荡秋千时，没有赌什么物品，心情就轻松多了，你看她们"双鬟梳顶髻，两面绣裙花"，"秋千争次第，牵拽彩绳斜"，玩得实在开心。

在唐朝诗人的笔下，秋千和蹴鞠是寒食、清明这两个节日时的娱乐"标配"。王维的《寒食城东即事》"蹴鞠屡过飞鸟上，秋千竞出垂杨里"，杜甫也有诗"十年蹴鞠将雏远，万里秋千习俗同"。

晚唐诗人韩偓有一首绝句，写秋千少女的娇羞之态："秋千打困解罗裙，指点醒醐酒一樽。见客入来和笑走，手搓梅子映中门。"看起来是不是很熟悉，对了，李清照那首"和羞走，倚门回首，却把青梅嗅"就是脱胎于此。

如果我们穿越到唐代，时值花明柳暗的春日，我们会发现很多这样的情景：

烟柳飞轻絮，风榆落小钱。

蒙蒙百花里，罗绮竞秋千。

满街杨柳绿丝烟，画出清明二月天。

好是隔帘花树动，女郎撩乱送秋千。

◉ 女子的专属运动之二：斗草

我们先来看白居易的一首诗，名为《观儿戏》，其中写："髫龀七八岁，绮纨三四儿。弄尘复斗草，尽日乐嬉嬉。"说的是三四个富家的小儿，七八岁的样子，在那里玩土斗草，终日笑嘻嘻地乐个不停。

玩土好理解，斗草是怎样的玩法呢？

斗草之斗，也有文斗和武斗一说。儿童们玩的，基本都是武斗，就是各自采来一些有韧性的草，然后相互交叉成"十"字状，互相勒扯，谁的草断了，谁就算输了，这种玩法简单粗暴，故称"武斗"。

唐代由于年代太过久远，没有太多的图画资料留存，但我们可以从清代金廷标画的《群婴斗草图》轴中看到这一情景。在湖石树荫花丛之间，一大群孩童采了满筐的花草，在那里斗草玩，地上有一堆扯碎了的草茎。

清代金廷标《群婴斗草图》

清代金廷标《群婴斗草图》（局部）

　　从这个局部图上，更能清楚看出斗草时的细节。左边穿绿衣服的孩童应该是占了上风，他伸出手指，一副胜券在握的样子。而右边的孩童在篮子里掏摸，显然是所剩下的草已经为数不多了。中间穿蓝衣服的孩童应该是看热闹的，他举起双手，看得十分激动。

　　儿童斗草，成人们会觉得十分幼稚。所以一些少女少妇玩的，多是"文斗"，相对要文雅多了，她们是以采来花草的珍稀性，再加上以花草名来玩对仗的游戏法则来争胜。读过《红楼梦》一书的朋友们想必对书中香菱斗草的情节有一些印象，书中写道：

　　大家采了些花草来兜着，坐在花草堆中斗草。这一个说："我有观音柳。"那一个说："我有罗汉松。"那一个又说："我有君子竹。"这一个又说："我有美人蕉。"这个又说："我有星星翠。"那个又说："我有月月红。"这个又说："我有《牡丹亭》上的牡丹花。"那个又说："我有《琵琶记》里的枇杷果。"豆官便说："我有姐妹花。"众人没了，香菱便说："我有夫妻蕙。"

我们看"观音柳"vs"罗汉松"，"君子竹"vs"美人蕉"，"星星翠"vs"月月红"，《牡丹亭》上的牡丹花"vs"《琵琶记》里的枇杷果"，"姐妹花"vs"夫妻蕙"，都是非常工整的对仗词。

不过《红楼梦》中的玩法，一贯是走高端精致路线，有些脱离群众，我们从《镜花缘》第七十六回中可以看出些端倪，这里写：

　　陈淑媛道："妹子刚才斗草，屡次大负，正要另出奇兵，不想姐姐走来，忽然止住，有何见教？"紫芝道："这斗草之戏，虽是我们闺阁一件韵事，但今日姐妹如许之多，必须脱了旧套，另出新奇斗法，才觉有趣。"窦耕烟道："能脱旧套，那更妙了。何不就请姐姐发个号令？"紫芝道："若依妹子斗法，不在草之多寡，并且也不折草。况此地药苗都是数千里外移来的，甚至还有外国之种，若一齐乱折，亦甚可惜。莫若大家随便说一花草名或果木名，依着字面对去，倒觉生动。"毕全贞道："不知怎样对法？请姐姐说个样子。"紫芝道："古人有一对句对得最

清代冷枚画中斗草情景

好：'风吹不响铃儿草，雨打无声鼓子花。'假如耕姐姐说了'铃儿草'，有人对了'鼓子花'，字面合式，并无牵强。接者再说一个，或写出亦可。如此对法，比旧日斗草岂不好顽？"

这里值得我们注意的是：从小说中可以看出，普通人玩的"旧套"，就是以采来的花草多寡和珍稀性论胜负的，而《红楼梦》中那种玩对仗的，已经是"高雅版"的小众游戏了。如果像文中紫芝姐姐说的那样，为了环保不再折花草，完全空口说对，就成了纯拼知识储备了，让斗草从体力活动变成纯脑力游戏了。

想唐人健壮好动，当时又不裹小脚，唐朝姐姐个个骑得了马，打得了猎，自然不会纯玩脑力的，我觉得她们的斗草还是属于"旧套"这一类。我们从一些唐朝的记载中也能看出这一点：王建《宫词》

里写一个聪明的宫女，她采得一种叫"郁金芽"的植物，悄悄藏好，而且要留到大家把手中的花草出得差不多时，再一举取胜，正所谓："水中芹叶土中花，拾得还将避众家。总待别人般数尽，袖中拈出郁金芽。"由此可见，当时是以斗草的数量和珍稀性论胜负的。一般的草，大家"你有我有全都有啊"，唯有一些稀罕物才能压倒群芳。

正因为如此，骄横惯了的安乐公主才不惜毁坏文物来赢得斗草的比赛。这一年的端午节，这些妃子、公主们约好了斗草赌胜，安乐公主虽然搜罗了各种奇花异草，但想诸如姐姐长宁公主、上官婉儿她们，一定也会派人采集大量的稀罕花草，自己要想取胜，未必有什么把握。这些人都是皇家贵妇，就算是高原雪莲什么的，也有本事让人取来，那什么是世上独一无二的呢？

安乐公主动了歪脑筋，她听说广州祇洹寺维摩诘像十分独特，这尊塑像是用了真人的胡须，而且这胡须的主人是大名鼎鼎的山水派诗人谢灵运。谢灵运是刘宋时人，他有"美髯公"之称，是晋宋之际重要的佛学家，一生信佛。公元433年，谢灵运因谋反罪被处以死刑，临死前他剪掉自己的长须捐给了祗洹寺，用于给维摩诘造像贴须。祗洹寺的和尚对谢灵运的胡须珍爱异常，到唐朝时，已经保存了270多年，就相当于我们现在看乾隆年间物品的感觉。

安乐公主为了斗草得胜，马上派人骑快马到了广州祗洹寺，将佛像上谢灵运的胡须揪下来一撮。为了防止其他妃嫔公主们也来采取，安乐公主还吩咐把剩下的胡须全部毁掉了。广州祗洹寺的僧人们虽然痛心疾首，但敢怒不敢言，不敢违抗皇家的旨意。

安乐公主亵渎神佛，毁掉文物，得到的这件东西倒是独一无二。古人的胡须很难取得（刨坟这事正常人做不来），而谢灵运的胡须更是无法再找来，不过胡须能算花草吗？斗草难道不是只限花草吗？这个历史上没有记载，也许以安乐公主的刁蛮性格，她说是就是，别人也不敢辩驳。就像民国时有些军阀打牌时一样，盒子炮往桌子上一摔，他说点大就点大赢，他说点小就点小赢，谁敢不从？

安乐公主斗草的赌注是什么呢，历史上也没有记载，但估计价值不菲，李白《清平乐》中说："禁庭春昼，莺羽披新绣。百草巧求花下斗，只赌珠玑满斗。"我们看宫中寻常的一次小比赛，就要赌"珠玑满斗"，何况是让安乐公主花费了很多心思的这种大型斗草赌赛？

就算是民间的女子，斗草时往往也加点赌注，增加一些刺激性。她们身上经常带着的最值钱的东西，最常见的就是发钗、耳环之类的首饰了。唐郑谷有诗："晓陌携笼去，桑林路隔淮。如何斗百草，赌取凤凰钗。"就是写的此情此景。

右边这张画是明代陈洪绶画的《斗草图》，这张图就不像上面那个孩童们斗草时的情景，没有满地的花草碎屑了，看来是属于女子们的"文斗"模式。

少女少妇们天性活泼，对斗草这类游戏是乐此不疲，唐人崔颢（就是《黄鹤楼》的作者）有诗说："十五嫁王昌，盈盈入画堂。自矜年最少，复倚婿为郎。舞爱前溪绿，歌怜子夜长。闲来斗百草，度日不成妆。"我们看这个女孩年仅15岁，嫁了人后还是活泼爱玩，终日忙于斗草，以至于连化妆打扮都省了。

明代陈洪绶《斗草图》

话说古时对女子的要求是"女有四行，一曰妇德，二曰妇言，三曰妇容，四曰妇功"，打扮得整整齐齐，可是一项任务。如今为了玩斗草，连这事都忘了，由此可见斗草有多大的魅力！

"斗草当春径，争球出晚田"，斗草这项游戏应该是专门属于妇女儿童的游戏，男子是基本不玩的。

最后让我们从敦煌古卷中富有民歌气息的四首《斗百草辞》中，感受一下当年唐朝女子的快乐吧：

一

建寺祈长生，花林摘浮郎。

有情离合花，无风独摇草。

喜去喜去觅草，色数莫令少。

二

佳丽重明臣，簪花竞斗新。

不怕西山白，惟须东海平。

喜去喜去觅草，觉走斗花先。

三

望春希长乐，南楼对北华。

但看结李草，何时怜缬花。

喜去喜去觅草，斗罢且归家。

四

庭前一株花，芬芳独自好。

欲摘问旁人，两两相捻取。

喜去喜去觅草，灼灼其花报。

第五章

文静的室内游戏：投壶和双陆

唐人对一些体育活动是十分热衷的，比如马球、蹴鞠、秋千什么的，但是室外运动的开展是受天气制约的。在没有电视、电脑、手机等可以消遣的情况下，唐人也有一些相对文静的室内游戏，这里说一下投壶和双陆。

◉ 投壶的游戏

唐河南巩县黄冶窑白釉贯耳瓶

我们先来看一下这种称作"贯耳瓶"的古代文物，它有什么样的用途呢？可能会有人猜是酒壶、水瓶、花瓶什么的，从我们现在的眼光来看，确实像是插花用的花瓶。但是在古代，这种东西有它的专属用途，古人将它叫作投壶，顾名思义，是将箭用手掷入这只壶中。

这种游戏起源很早，早在春秋

时期就有。别看现在我们觉得这种事就和套圈差不多，但古人当年却很重视，是当作一种礼仪活动来进行的。

韩国面值 1000 元的纸币

我们看现在韩国发行的 1000 元的纸币，头像是韩国一代名儒李退溪，他的身旁就放着一只投壶。由此可见投壶是礼仪的象征，而且是中华文化影响到整个东亚的一个明证。

我们知道所谓的六艺是指"礼、乐、射、御、书、数"，其中射箭在当时是一种很重要的技能。酒席宴前，大家经常比比弓箭。不过随着类似从"昭和男儿"到"平成废宅"那样的一个演变，渐渐人们觉得射箭太麻烦，太危险，或者是有些肤柔骨脆的小鲜肉们拉不动弓，于是就找了一个替代的方式，用手掷箭入壶，就算是完成射礼了。

唐代也是非常流行投壶这种游戏的，也出现了不少高手。我们现在刷小视频，能人所在多有。比如像套圈游戏或扎飞镖之类的游戏，就总有高手一出手就赢个大满贯，让摆摊的摊主血本无归，见了他们就躲。

唐朝当然也有这样的人，初唐时的《朝野佥载》中记载有个叫薛眘惑的人，他十分擅长投壶，说他是"龙跃隼飞，矫无遗箭"。这还不足为奇，他还有另一种令人瞠目的本事，就是把壶放在背后，

故宫博物院藏清代铜投壶

不用转头看，然后扬手向后投掷，依然能够做到百发百中。这个放在今天，也能够上电视台去表演一下了。

唐朝的宰相，也就是上官婉儿的爷爷上官仪，专门写过一本书叫《投壶经》，应该是非常详细记载了当时投壶的一些资料，可惜后来失传了。

初唐时的卢藏用，也是一个投壶高手，他一开始隐居终南山，但后来又出来做官了，因此被人们讥笑，还产生了一个成语叫"终南捷径"。不过这个人我觉得并不坏，他和诗人陈子昂是好朋友，陈子昂被人害死后，是他出钱出力照顾陈子昂的孩子，将之抚养长大。就这一点，我觉得卢藏用就够朋友，至于削尖脑袋想当官，也是人之常情，只要没有害人就不算是太大的污点。

由于人们对于投壶的喜欢和尊重，由此也诞生了不少神话传说。相传为西汉东方朔所著的《神异经·东荒经》中说："东荒山中，有大石室，东王公居焉。长一丈，头发皓白，人形鸟面而虎尾，载一黑熊，左右顾望。恒与一玉女投壶，每投千二百矫，设有入不出者，天为之嘘；矫出而脱误不接者，天为之笑。"

意思是说，仙界的东荒山中，有一座巨大的石屋，里面有个神仙叫东王公。他身高一丈，头发雪白，面容像鸟，还长着一条老虎尾巴，经常骑着一只大黑熊出游，左顾右盼，很是威风。他喜欢和玉女一起投壶为乐，一出手就是1200支箭，如果全部投入壶中，上天就会唏嘘感叹。如果有箭跳出壶来或者根本没有投入，这时天就为之发笑。西晋张华说，天的感叹和笑，我们看到就是雷鸣电闪。

李白有诗："雷公砰訇震天鼓，帝旁投壶多玉女。三时大笑开电光，倏烁晦冥起风雨"，说的就是这个情景。

酒宴之间，投壶为乐是常见的项目，高适诗："投壶华馆静，纵酒凉风夕"，李白"击筑落高月，投壶破愁颜"，唐彦谦"阄令促传觞，投壶更联句"都是写这个情景。可想而知，在酒宴之间，投壶渐渐演化为猜拳行令一样的劝酒游戏。

投壶这种游戏，因为对体力要求并不高，所以宫妃和贵族女子们也是很喜欢玩的。虽然她们不怎么喝酒，但是她们发明了其他的赌注。中唐诗人王建诗中写道："分朋闲坐赌樱桃，收却投壶玉腕劳"，看，她们把樱桃这种水果当作赌注来玩投壶游戏，谁要是输了，可就没有樱桃吃了。

除了诗文以外，我们还可以从一幅珍贵的古画中看到这种情景，那就是五代时周文矩所绘的《重屏会棋图》。

由于唐代历史过于久远，纸质图画传下来的极为稀少，这张图虽然是南唐画家所绘，但能够反映出唐朝的时代特征。上面所绘的四个人（相传居中正面人物为中主李璟）正在观看围棋。值得注意的是，他们身后放着一只投壶，其中还插有一束箭，还有两支箭散

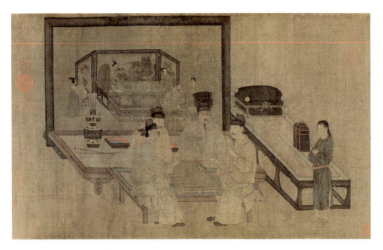

五代周文矩绘《重屏会棋图》

落在案子上。可想而知，他们是刚刚玩了一把投壶的游戏，之后又开始下围棋的。

　　不过，随着近代的游戏种类越来越多，投壶基本上不怎么流行了。不少朋友是从诸如《知否知否应是绿肥红瘦》这类影视剧中看到的，之前并没有听说过。

　　但投壶这种游戏想玩也简单，大家不妨找个花瓶，用筷子当箭杆投一下来玩耍，也体会一下古人投壶为乐的感觉。

◉ 失传的双陆游戏

　　相比现代人来说，古人的时间更是充裕得多。当然，穷苦人家一天忙到晚，累得可能没时间玩，但像贵族阶级，他们饱食终日后，是有大把的时间用于玩乐的。

前面说过，唐人对一些体育活动是十分热衷的，比如马球、蹴鞠、秋千，但是室外运动的开展是和天气息息相关的。如果遇上不好的天气，狂风暴雨之中，总不能再去打马球吧？再者，漫长的夏季里，那赤日炎炎的天气，也不能去荡秋千吧？这样的日子如何打发呢？

在没有电视、电脑、手机等可以消遣的情况下，唐人也有一些桌游类游戏。我们先来看一种现在已经失传，但在唐朝相当流行的游戏，那就是双陆。

唐螺钿双陆木棋盘，吐鲁番阿斯塔纳 206 号墓出土

清代早期象牙材质
双陆棋子

我们看这是 1973 年新疆吐鲁番市阿斯塔纳墓葬出土的一件文物，现藏于新疆维吾尔自治区博物馆。从这件文物中，我们可以真实地了解到唐朝双陆棋盘的样子。

但是，这件文物只有棋盘没有了棋子，那唐朝时的双陆棋子是什么样子呢？我们可以从一幅古人绘画中找到答案。

唐代画家周昉绘《内人双陆图》

这是唐代著名画家周昉的名作之一，上面画了两个身材丰腴的唐朝胖美人在玩双陆棋。棋子的形状我们也可以得知了，不是像围棋或象棋那样的扁圆形，而是有点类似跳棋或国际象棋的模样，具体地说是类似于古时的洗衣杵（棒槌）的形状。

棋盘棋子都知道了，那怎么个玩法呢？或者说唐朝人当时的游戏规则是怎么样的呢？

在日本，由于他们的双陆是从唐朝学去的，所以玩法应该照搬了唐朝的模式。日本有一部叫作《双陆锦囊钞》的书，记述了双陆的玩法。书中说，双陆有黑白棋子各15枚，骰子2枚。棋盘上刻有对等的12竖线，两枚骰子呈六面体，分别刻有从"1"到"6"的数值（这个和现在没啥区别）。玩的时候，首先掷出两个骰子，按骰子掷出来的数目走棋，先将自己这边的15枚棋子走到对方的6条刻线以内者，就算获胜。

当然，这只是大致的玩法规则，可能还有一些比较详细的规定，大家有兴趣可以检索相关文献，这里就不多说了。

唐朝人对双陆游戏的痴迷，我觉得不亚于今天人们对麻将的热爱，男女老幼都非常喜欢玩这个。女皇武则天就是有名的双陆迷。

一次武则天问她的宰相狄仁杰："朕昨夜梦与人双陆，频不胜，何也？"狄仁杰当即回答："双陆输者，盖谓宫中无子。此是上天之意，假此以示陛下，安可久虚储位哉！"

我们看武则天梦里还在玩双陆棋，但梦中始终没有得胜，于是问狄仁杰是什么预兆。狄仁杰心向李唐，当然什么事都往这方面引，

南宋佚名《八相图》狄仁杰

于是说双陆输棋是宫中无子的原因，这是上天示警。武则天这种老太太还是比较迷信的，于是转变了心意，召三子李显回京。

另一个故事，也反映了武则天是酷爱玩双陆的。有一次狄仁杰入宫，武则天正和内宠张昌宗玩双陆呢，于是就招呼狄公和张昌宗玩一局。

狄仁杰一贯看不起这个靠脸得宠的小鲜肉，于是就想杀杀他的骄气，于是要求以张昌宗身上穿的集翠裘作赌注。这件南海郡进贡的集翠裘，用百鸟羽毛织成，里面衬以白狐之皮，所以既漂亮又保暖，实在是件珍品。

武则天笑道："拿集翠裘作赌注，可以是可以，但爱卿出什么作为赌物呢？"

狄仁杰说道："我也用我身上的袍子作赌注。"

武则天嗤道："人家张昌宗那件袍子是稀世珍品，你这件就是一般的朝服，普通的官袍，怎么能价值相当啊？"

狄仁杰昂然说道："我这件虽然普通，但却是堂堂的官服，张昌宗那件再珍贵，也是嬖幸宠遇之服，是用以姿色媚人的衣服，所以我的官服完全能值得上这个赌注。"

武则天平时和张昌宗玩双陆棋，经常觉得这个小鲜肉是高手，于是以为张能稳操胜券，哪知道张昌宗的智商和狄仁杰比，简直就是渣渣，连连败北。

于是，狄仁杰就揪住张昌宗，当着武则天的面硬生生剥了他身上的这件集翠裘，然后冲着女皇谢恩后，大踏步走出了宫门。到了门外，狄仁杰一甩手把这件集翠裘给了一个牵马的家人，让他穿上招摇过市，以此表示对张昌宗的鄙视。

这段故事后来传为佳话，清代的裴琏还将之编成了杂剧，在舞台上演出。

另一个唐朝女强人——中宗的皇后韦后也很喜欢玩双陆棋，史书中记载，她经常和武三思一起玩双陆棋，两人有说有笑，而懦弱的唐中宗却并不生气，还在一边帮他们点算筹码，被传为笑谈。

《新唐书·诸帝公主传》记载，唐太宗的妹妹丹阳公主下嫁给了薛万彻，一开始，公主不怎么喜欢这个丈夫，于是好几个月不理他。太宗听说后，就召来其他的驸马和薛万彻一起玩握槊游戏（关于"握槊"，人们普遍认为就是双陆游戏的别称，或玩法与之非常相近），大家伙儿都有意输掉，唐太宗也亲自下场，把一柄宝刀输给了薛万彻。丹阳公主见自己的夫君大出风头，顿时改变了对他的看法，于是欢欢喜喜地和他回府了。

太宗借着玩双陆游戏给了驸马面子，由此可见，当时的人对双陆还是很看重的，认为这是一种智力的体现。初唐诗僧王梵志说："双陆智人戏，园棋出专能。解时终不恶，久后与仙通。"由此可见，双陆不只靠掷骰子、赌运气，也是要动脑子的。

皇室爱玩双陆，普通人也不例外，《太平广记》记载，唐高宗咸亨年间，贝州有个叫潘彦的人，对双陆棋十分痴迷，终日棋不离身。有次渡海时船翻了，掉在了水中，他右手抓到一块破木板，这对于落海之人，是再重要不过的求生保障了（参见电影《泰坦尼克号》上的情节），但这个潘彦却并没有扔掉手中的双陆棋盘，他左手抓住棋盘，口中衔住骰子，就这样坚持了两天一夜。到上岸时，他的手在海水里都泡得脱皮见骨，但即使如此，双陆棋也没有撒手扔掉，骰子也依然在口里，真是个人才啊。

晚唐张读写的《宣室志》记载了一个故事，说是唐文宗太和年间，有个张秀才借了一个洛阳的空宅。据说这宅子很诡异，但张秀才自觉是个堂堂男儿，不应该如此胆小。这天半夜三更，他倚着枕头正要睡觉，忽然看到道士与和尚各十五人走了出来。他们个头高矮很整齐，每行五人，排作六行。张秀才见他们形貌端庄，心中油然生出敬畏之情，以为他们是"灵仙所集"，吓得大气也不敢喘，于是装作睡觉，眯着眼，留出一道缝来观察。

只见又出现了两个东西在地上旋转，这两个东西，各有二十一只眼，其中四只眼闪着火色。它们目光眩转，互相追逐，发出呼呼的声响。然后那些和尚道士们就开始或东或西，或南或北，或跑或走。如果有一个道士落了单，就会被和尚攻击打跑了。那两个东西，在僧道之间周流，一直也没有停息。就这样互相攻击，或分或聚。一个人忽然说：太棒了！说完，僧道都默默停止了行动。然后，那两个东西互相说："之前，僧人和道士妙法超绝，其实都是靠我们两个。不然，怎么能说太棒了呢？"

张秀才看了半天，醒悟到这些东西可能是妖怪。他倒也胆大，竟然鼓起勇气抄起枕头来砸向这些和尚道士们。他们大惊之下，说了句："快走，不要落在这个穷酸秀才手里！"就消失不见了。

秀才天亮后在屋里仔细搜寻，发现墙角藏了一副腐烂得不成样子的皮囊，里面有双陆棋子共三十枚，还有骰子一对。原来这个古老的双陆棋成精了，于是化为僧道来对战。

以上的故事，当然只能是传说罢了，和《聊斋志异》中的故事一样，属于奇闻怪谈，不过我们却能由此得知唐代人对双陆棋的熟悉和喜爱。

一直延续到明代，双陆棋还是普遍受到皇室和民间的喜欢。我们看下图，这是故宫博物院所藏的明宣德年间的"掐丝珐琅狮纹双陆棋盘"。

掐丝珐琅狮纹双陆棋盘

唐伯虎也曾经记载："《谱双·书后》云：'今樗蒲、弹棋俱格废不传，打马、七国棋、汉官仪、五木等戏，其法俱在，时亦不尚。独象棋双陆盛行。'"

文物的证据和文献上的证据都说明，在明代时，双陆这种游戏还是很流行的，能够反映明代生活习俗的《金瓶梅》中也说西门庆"学得些好拳棒，又会赌博、双陆、象棋……"。媒婆夸孟玉楼时也是说："风流俊俏百伶百俐，当家立纪，针黹女红，双陆棋子不消说……"，看来当时双陆也是和琴棋书画一样，算是拿得上台面的才艺。

不过清代时双陆就不怎么流行了，据说也是和乾隆皇帝有关，这家伙不但禁毁了很多书，还下令禁绝了双陆这种游戏，于是双陆失传了。

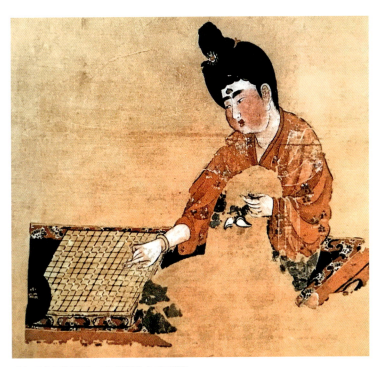

吐鲁番市阿斯塔纳 187 号墓仕女弈棋图

以上是阿斯塔纳古墓中的仕女弈棋图，图中下的是围棋，可见当时像围棋之类的也是非常流行，但因为唐朝围棋文化这方面的介绍比较多，这里就不再重述了。

第六章

唐人喜欢的那些宠物

对于饲养宠物，爱玩的唐朝人当然也不会落后，除了我们现在常见的喵星人和汪星人之外，唐朝人还习惯饲养猴子、麋鹿、白鹤、鹦鹉，甚至还有猞猁、豹子、老雕之类相对比较凶猛的动物。唐朝曾经发生过猴子当官、争猫告状等种种有趣的事情。

对于饲养宠物，爱玩的唐朝人当然也不会落后，皇帝唐武宗就是个有名的"动物爱好者"，他还给自己喜爱的十种动物起了别号：

九皋处士——鹤（《诗经》中有"鹤鸣于九皋，声闻于野"之说）

长鸣都尉——鸡（似乎应该是公鸡才配得上这个称号）

玄素先生——白鸥（玄是黑色，素是白色，白鸥浑身雪白，但爪子是黑的，故有此名）

猩猩奴——猴（猴子和猩猩模样相近，但体形不如猩猩）

长耳公——驴（长耳是驴的特征，如果贬义就是大耳贼了）

灵寿子——龟（古人觉得龟能通灵，寿命又长）

守门使——犬（看守门户是狗的本职）

　　辨歌——鹦鹉（鹦鹉以能言著称，我觉得用"说客"命名更有趣）

　　鼠将——猫（虽然猫是对付老鼠的，但不应该是老鼠中的大将吧）

　　茸客——鹿（就看见人家的鹿茸了）

◉ 当官的猴子

　　唐昭宗，十分喜爱一只聪明伶俐的猴子。这只猴子很通人性，机敏无比，经常能逗得唐昭宗开心。

　　有一天，唐昭宗要去上朝，猴子却舍不得他，也要跟随。唐昭宗一时兴起，就命人拿来一套官服给猴子穿上了，只见这只猴子戴上官帽穿上官靴，手持笏板，规规矩矩地和大臣们一块站班行礼。

　　看到这只猴子如此乖巧，唐昭宗大笑不已，还封这只猴子为"孙供奉"。按照唐朝的官服制度，只有五品以上的官员才可穿绯色，这可是很多官员混了一辈子也难以企及的职位。像唐朝好多著名的诗人，比如"初唐四杰"的王杨卢骆，以及王昌龄、王之涣、李贺等，七品官就是他们的天花板了。所以，这事引发了诗人罗隐的愤愤不平，他写诗道："十二三年就试期，五湖烟月奈相违。何如学取孙供奉，一笑君王便着绯。"

　　罗隐虽然是著名的大才子，但是考了N多年，一直没有中进士，自然也当不了官。现在听说猴子都当了官，于是气愤地说枉费我满腹经纶，竟然还不如一只猴子！

供奉本来是品级很低的职位，李白当年的翰林供奉就是这个差事，所以李白后来不满意，认为是"俳优畜之"的待遇而辞职回家。猴子被封为"孙供奉"，是从"猢狲"二字而来。

不过，满朝文武都鄙视的这只猴子，最终却上演了一出感动人心、十分壮烈的悲剧。权臣朱温把持朝政后，派蒋玄晖带人夜叩宫门，说军前有急奏，要面见皇帝。听到有人粗暴地砸门，夫人裴贞开门正要发问，一把大砍刀劈了过来，这位如花美女顿时血溅当场。昭仪李渐荣大呼："只杀我们好了，不要杀皇帝。"贼兵哪里肯听，追上起身绕柱乱跑的唐昭宗一刀捅死，李渐荣扑在皇帝身上保护，也被乱刀穿身而死。

朱温杀了唐昭宗后，就自己当上了皇帝。眼见大势已去，朝中的旧臣纷纷见风使舵，表示拥戴新皇帝。有一天，朱温想起孙供奉这只猴子来，于是也让它来朝堂上凑个热闹。殊不知，猴子来到朝堂上之后，眼见御座上换了人，不是当年那个面如冠玉的皇帝，却变成了一个满脸横肉的粗汉。猴子立即发了怒，纵身扑向朱温，就要撕咬。朱温惭怒交集，命卫士刀杖齐下，将这只猴子杀死在金殿之上。

事后，唐朝的旧臣个个面有惭色，当年都觉得昭宗给猴子官做是荒唐事，但如今看，自己这些食君之禄、官居高位的人，就赤胆忠心来说，远远不如这只猴子！

　　从现在发现的文物来看，不仅是皇家有资格养猴子当宠物，一些富贵之家也都有拿猴子当宠物的，这件抱猴子的唐代女子陶俑就是证明。

◉ 雪衣女

唐三彩贵妇玩猴俑

　　天宝年间，岭南的官员给唐玄宗进贡了一只珍奇的鹦鹉。它浑身洁白如雪，更难能可贵的是聪慧伶俐。它来到长安不久，就学会了这里的语言，能听懂人们的指令。

　　这只鸟很是温顺，不像其他鸟那样，一出笼子，就要飞走。它就算出了笼子，也只是在宫中的屏风和帷帐之间活动，十分黏人，所以玄宗皇帝和杨贵妃都对它喜爱有加，称它为"雪衣女"。

　　玄宗教它念诗文，几遍过后，这只鹦鹉就可以背诵下来，令皇帝和嫔妃们极为吃惊。更令人惊奇的是，它似乎还懂得围棋、博戏等游戏。玄宗皇帝和嫔妃及几位王爷闲时经常博戏为乐，就是诸如下棋啦，玩双陆啦之类的。每当形势不好时，雪衣女就飞过来，或者用翅膀扫落棋子或筹码，或者去啄嫔妃或王爷们的手，让皇帝避免输局的尴尬。

　　这个雪衣女如此善于揣摩上意，这要是个人，肯定是皇帝的亲信，三品以上的官是没跑的。但它只是只鸟，玄宗又不像卫懿公那样荒唐，把鹤都封为将军啥的，所以雪衣女只能是个宠物，做不了宠臣。

可是，有这么一天，雪衣女飞到了杨贵妃的梳妆台上，惴惴不安地说道："我昨晚梦到被老鹰捉走了，看来我陪伴你们的日子就要到头了！"杨贵妃慌忙去和玄宗皇帝诉说，皇帝也很担心，于是让杨贵妃教它念《多心经》来祈祷一下，以免灾祸。雪衣女学会念经后，就不停口地在念，好像是很怕这件事，一直担心念得不够无法避灾免祸。

然而，灾祸还是来了。过了一段时间后，大家对此事都淡忘了。这一天，玄宗带了杨贵妃去郊外游玩，就住在行宫中。杨贵妃舍不得雪衣女，就让它跟随着辇车一块前去。到了山间的宫殿，皇帝和贵妃观看卫士们在殿前射猎校艺，雪衣女就在宫殿的栏杆上飞来飞去地嬉戏玩耍。不想就在这时，天上飞下来一只巨大的苍鹰，以迅猛凌厉之势扑向雪衣女。大家惊恐万状，纷纷挥刀张弓，想解救老鹰抓起来的雪衣女。虽然老鹰在众人的呼喝下不得不抛下雪衣女飞走，但落在地上的雪衣女已经没了呼吸。

玄宗和杨贵妃叹惋不已，他们收拾了这只鹦鹉的遗体，把它葬在御花园中，还给雪衣女起了一座坟墓，命名为鹦鹉冢，以作纪念。

据说，玄宗还因此放了几十笼宫中的鹦鹉，玄宗问它们："你们这些鸟儿，都想家不？朕放你们回乡，愿意吗？"这些鸟儿都欢呼雀跃，口称"万岁"。于是玄宗就派内侍把鸟儿运到岭南，开笼释放。

有关雪衣女的故事出于唐武宗时的胡璩所写的《谭宾录》，因为他生活的年代距玄宗时也有 100 多年了，所以有些说法也是传说居多。像雪衣女会背佛经，会和人对话，等等，都有一些过于神化的性质。不过，唐朝皇室喜欢鹦鹉，饲养过很多聪明能言的鸟儿，这是毋庸置疑的。

晚唐之时，雪衣女的故事已是广为流传，像著名的诗人陆龟蒙在《开元杂题七首·雪衣女》中就说："嫩红钩曲雪花攒，月殿栖时片影残。自说夜来春梦恶，学持金偈玉栏干。"由此可见，当时雪衣女做噩梦预知灾祸从而诚心念经的故事早就人尽皆知了。

《朝野佥载》记载，武则天晚年时，曾经梦见一只鹦鹉折断了翅膀，于是第二天上朝时她询问宰臣是什么预兆，有何吉凶，大家默言不语。狄仁杰灵机一动也不用再问"元芳怎么看"，马上借题发挥说，武是您的姓氏，鹦鹉就代表您。两翼代表二子，翅膀折了是代表您的儿子失去了继承权（当时武则天废了太子，并有意让姓武的侄子继位）。这是上天示警，希望您能改正。后来武则天就召回了三儿子李显，让他当了太子。

宫廷是经常饲养鹦鹉的，像唐诗中说："含情欲说宫中事，鹦鹉前头不敢言"，就是描写这样的情景。宫女们生怕鹦鹉学舌，而不敢说埋怨宫中寂寞、禁锢人性的牢骚话。

当然，不仅是宫中喜欢饲养鹦鹉，唐朝家境宽裕的人家也经常买来鹦鹉当宠物，中唐诗人王建就写了这样一首诗，包含了这样一个悲伤的故事：

伤邻家鹦鹉词

东家小女不惜钱，买得鹦鹉独自怜。

自从死却家中女，无人更共鹦鹉语。

十日不饮一滴浆，泪渍绿毛头似鼠。

舌关哑咽畜哀怨，开笼放飞离人眼。

短声亦绝翠臆翻，新墓崔嵬旧巢远。

此禽有志女有灵，定为连理相并生。

　　这里说，有一个富贵人家的小姑娘，花重金买了一只鹦鹉，每天给它喂食喂水，和它说话。但天有不测风云，人有旦夕祸福，没过多久，小姑娘突然一病不起，早早地夭亡了。

　　鹦鹉看不到小姑娘了，竟然不吃也不喝，十天没有喝一滴水。它眼中滴泪，形容憔悴，本来头上漂亮的羽毛变得和老鼠一样肮脏。它的嗓子里发出嘶哑哀怨的声音，家人们看了不忍心，于是就打开笼子将它放走。它飞出去没有多远，就短促地叫了一声，肚腹朝天死去了。

　　它大概是想飞到小姑娘的墓前去，可是那座墓的距离太远，它已经没有力气了！人们都感慨这只有情有义的鸟儿，希望它能和小姑娘化作一棵连理树，从此长久相伴。

❂ 猫猫和狗狗

"喵星人"（猫）和"汪星人"（狗）历来就是人们最宠爱的动物。家猫的祖先据推测是沙漠的埃及猫或波斯猫，已经被人类驯化了3500年之久。猫咪因为有大大的眼睛，柔软漂亮的毛，一副萌萌的表情，所以让人们一见生怜，毫无抵抗力，甘心为它当铲屎官。从这个意义上来说，不是人驯化了猫咪，而是猫驯化了我们人类。

别看十二属相中没有猫咪，在古代，逢年过节时，猫可是享受祭祀的。《礼记·郊特牲》："禽兽，仁之至、义之尽也。古之君子，使之必报之。迎猫，为其食田鼠也；迎虎，为其食田豕也，迎而祭之也。"

古人说禽兽中对人们有帮助的，要知恩图报。过年时都要祭祀一番，因为猫能够吃田鼠，虎能吃野猪，所以逢年过节，人们会迎来猫神、虎神，祭祀一番。当时猫是身列"八神"之一的。

中唐诗人李端有诗道："扣虱欣时泰，迎猫达岁丰"，就是写这个情景，可见当时对于猫的尊重。

《旧唐书》和《资治通鉴》记载，武则天用酷刑处死了宫斗中的对手王皇后和萧淑妃，王皇后老实疙瘩一个，临死也不出怨言，萧淑妃却大骂武则天："愿阿武为老鼠，吾作猫儿，生生扼其喉！"

相传武则天听了后十分惊怒，看到猫儿，就想起萧淑妃说的话，似乎宫中每一只猫儿身上都附着萧淑妃的魂魄，于是下令宫中禁止养猫。

但是，同时代的张鷟《朝野佥载》有记载："则天时，调猫儿与鹦鹉同器食，取示百官，传看未遍，猫儿饥，遂咬杀鹦鹉以餐之，则天甚愧。"

也就是说，武则天曾经训练得猫儿和鹦鹉一块吃食，两者和谐相处，于是她就把猫和鹦鹉放在朝堂上，让百官观看这件奇事。但是没过多久，这只猫突然变了脸，扑倒鹦鹉后吞吃了。武则天的面子丢了个干净，十分羞愧。

不过由此可见，武则天禁止在宫中养猫并无实据。其实对于古时的深宫大宅来说，鼠患是个大问题。古代宫殿往往是木制构件，没有现在的钢筋水泥构造，老鼠打洞咬啮十分容易。如果不养猫的话，会不堪其扰，一些木质构件都有被咬坏的可能。我们知道，现在的故宫里，还养有100多只猫，被大家戏称为御猫，也是为防止老鼠破坏房屋。

唐郑綮撰《开天传信记》一书说，裴谞在河南省当地方官，这一天，过来两个婆娘击鼓告状。裴谞以为是什么大事，结果是争一只猫儿。状纸上说："若是儿猫，即是儿猫。若不是儿猫，即不是儿猫。"就是说，如果是公猫，就是我的猫。如果不是公猫，就不是我的猫。裴谞为人风趣幽默，看了状纸哈哈大笑，于是写下了《又判争猫儿状》："猫儿不识主，傍家搦老鼠。两家不须争，将来与裴谞。"猫儿不认识主人，跑到别人家去捉老鼠。你们两家就不要争了，把它送给我吧。这裴谞想必也是个资深猫奴，见这只猫实在可爱，于是就借机没收了，两家人都嘲笑裴谞的"吃相"难看，《开天传信记》所谓"遂纳其猫儿，争者皆哂之"。

明代朱瞻基《花下狸奴图》

　　不过，由此事也可以得知，唐朝人是十分喜爱猫儿的，不然，不会因为一只猫去惊动官府，裴谞作为堂堂朝廷命官，也不会不顾身份，把这只争讼的猫儿公然据为己有。

　　现在的短视频上，有很多小朋友和猫咪成为玩伴的趣味画面。在唐朝时，也不例外，只可惜当时没有影像资料。不过，在晚唐诗人路德延的笔下，我们却看到了这样的情景：一个小儿"臂膊肥如瓠，肌肤软胜绵。长头才覆额，分角渐垂肩"，粉粉嫩嫩的一个小娃儿，梳着哪吒那样的发式，两臂肥白如瓜，肌肤柔软如绵，他平时嬉戏玩耍的东西有哪些呢？"嫩竹乘为马，新蒲折作鞭。莺雏金镟系，猫子彩丝牵"——把嫩竹横在胯下当马骑，新长的蒲草折来当鞭子，用金属环拴住幼小的莺雏，拿彩丝线牵着猫咪玩耍。

现代人养猫，基本上不怎么重视它的捕鼠功能了，但古人因为住宿条件十分有限，所以对于鼠患是十分头疼的。而古人在没有黏鼠板、捕鼠夹、老鼠药等物品的情况下，用猫来捉老鼠是最简单有效的手段了，正如柳宗元《永某氏之鼠》中所说的那样："假五六猫，阖门，撤瓦，灌穴，购僮罗捕之，杀鼠如丘"——借来五六只猫，关上门，撤开屋瓦，灌水入鼠穴，让家童一起抓，于是杀死的老鼠堆积如山。

唐朝著名的诗僧拾得曾经有一个诗偈："若解捉老鼠，不在五白猫。若能悟理性，那由锦绣包。"五白猫为四脚、鼻头五处为白色的黑猫，为猫中佳品，拾得的本意是说佛法自证，无须外求，后来人们传来传去，传成乌白猫，成为"黑猫、白猫，捉住老鼠就是好猫"（猫论）的原始出处。

唐德宗时，曾经让宦官吴承倩提了一个笼子放在朝堂上，只见这只笼子里关了一只猫和一只老鼠。奇怪的是，这只猫既没有一口吞掉老鼠，也不像 Tom 和 Jerry 那样打闹不休，而是和平相处，一派岁月静好的模样。

这个世界太疯狂了，耗子都给猫当伴娘了！不少大臣都傻乎乎、乐呵呵地看热闹，而大臣崔祐甫一下子就提升到政治敏感的高度，他慷慨陈词："今此猫对鼠不食，仁则仁矣，无乃失于性乎？……猫受人畜养，弃职不修，亦何异于法吏不勤触邪、疆吏不勤捍敌？……恐须申命宪司，察视贪吏，诫诸边候，无失徼巡，则猫能致功，鼠不为害。"

他文绉绉地说的是啥意思呢？这个崔祐甫是说，现在出现猫不吃老鼠的现象不是好事，这只猫对老鼠看起来好像是仁慈，但却丢了自己的职责。人们养猫就是为了让它捉鼠的，现在它不作为，岂不是像执法的官吏不反腐败，守疆的官吏不抵御外敌一样吗？我觉得这是上天提醒皇帝，要派"巡视组"（宪司）去全面清察一下，是不是有这样的事情发生，这样才能够让全社会的"猫"（代表了官僚机构）都能发挥其应有的作用，"鼠"（代表了社会上的违规现象）不能造成危害。

马燧是中唐时的名将，安史之乱后，各路残余势力还有很多，他们很是猖狂，唐德宗一度狼狈逃出长安。而马燧却在平定叛乱时起到了中流砥柱的作用，因此被封为北平郡王，这是唐朝大臣很少有人能取得的高位。

马燧家养的猫据说发生过这样一件事，有两只母猫同一天生下了猫宝宝。但是很不幸，其中一只母猫生产完不久就病了，没支撑几天就断了气。两只猫宝宝不知道猫妈妈已经死了，还扎到猫妈妈怀里要吃奶，但是猫妈妈已经冰冷僵硬了，哪里还有奶水？吃不到奶，两只猫宝宝叫得很是悲哀。这时，另一只也在哺乳的猫妈妈好像听到了猫宝宝的叫声，它站起来倾听，跑过去将它们都叼到了自己的窝里。虽然不是自己亲生的，但这个猫妈妈却对两只猫宝宝视同亲生，一起哺乳。

著名文学家韩愈听了这件事，感慨不已，他觉得是北平郡王马燧品德高尚，家风淳正，以至于连家中的宠物都有仁有义。于是写了《猫相乳》这么一篇文章，让我们知晓了这件奇事。我们由此

也可以得知，唐朝人家中养猫是很普遍的。

说完了猫儿，再说狗子。狗这种动物，可是比猫驯化的历史更悠久，而且狗比猫要听话得多，更能够顺从人的意思，所以在1万多年前就成为人们的好伙伴。

所以，相比于猫，狗的待遇似乎更高。《新唐书·百官志二》："闲厩使押五坊，以供时狩。一曰雕坊，二曰鹘坊，三曰鹞坊，四曰鹰坊，五曰狗坊。"也就是说唐朝有专职饲养雕、鹘、鹞、鹰、狗这五种动物的人员，也在百官之列。

当年玉皇大帝给孙悟空一个弼马温的职位，结果为人轻贱，以至于他恼火后回到了花果山。由此可见，五坊的职位也是为人瞧不起的，不过掌管这个的五坊小儿（多是些年轻宦官担任），却气焰冲天。他们仗着和皇帝亲近，打着给皇帝捉鹰遛狗的名义欺压百姓，唐顺宗时就把这个机构给撤了。

从上面可以看出，五坊中的动物主要是"朝廷鹰犬"——主要职能是用来捕猎，所以养的也多是猎狗一类，比如有那种类似灵缇的狗，双腿又细又高，连头也是扁长的，整个身体的横截面很窄，跑起来风阻很小，所以这类狗是世界上奔跑速度最快的狗，时速可达

60～70公里，比一般的电动车要快多了，抓兔子是再合适不过了。

当然，正像战斗机速度快，但威力不足一样，灵缇这类的狗，遇上森林中体形较大的动物就有点力不从心了。这时候藏獒就可以派上用场了，这种大狗体重可达一二百斤。它浑身长毛，肥壮得像只小狮子，而且性情十分凶猛，掐起架来一副死不要命的架势。

有的朋友可能会问：唐朝人真有这玩意儿吗？确实有，藏獒原产于青藏高原的高寒地带，很早就被当地人驯化，在吐蕃和大唐的交往中，自然会通过进贡、贸易等渠道流传到唐朝境内的。

当然，咱们现在又没有打猎活动了，对这些猎狗可能兴趣不大。说了半天，有的朋友可能意兴索然。那唐朝有没有类似我们今天这样，住在楼房里，和人们亲昵无比，可以时常抚弄的宠物狗呢？

有的，那就是所谓的"拂菻犬"，拂菻是指东罗马帝国（拜占庭帝国）。唐朝初期，这种狗从那边传过来，故有此名。《旧唐书》卷198记载："（武德）七年（624年），（麹）文泰又献狗雌雄各一，高六寸，长尺余，性甚慧，能曳马衔烛，云本出拂菻国。中国有拂菻狗，自此始也。"我们在《簪花仕女图》等表现贵妇人悠闲生活的传世名画中，经常能发现这种狗的身影。

这种狗体形娇小、性格温顺，唐人有时也将它称为"猧（wō）子"。相传杨贵妃也经常怀抱一只猧子，和上面说的雪衣女一样，它也懂得"搅局"，一旦皇帝下棋不赢，杨贵妃一松手，猧子就心领神会，跳到棋盘上胡乱一扒拉，让这局棋再也玩不了。

中唐时的宰相王涯有《宫词》诗："白雪猧儿拂地行，惯眠红毯

唐代周昉《簪花仕女图》中的宠物狗

不曾惊。深宫更有何人到，只晓金阶吠晚萤。"从这句"拂地行"来看，这个浑身雪白的狗狗，确实是京巴那样的小短腿儿。

著名女诗人薛涛，有一次得罪了节度使韦皋。韦皋位高权重，于是把她放到松州这个偏远的地方去受苦。薛涛无奈之下，只好写诗向韦皋求情，她写了一组《十离诗》，其中一首名为"犬离主"："驯扰朱门四五年，毛香足净主人怜。无端咬著亲情客，不得红丝毯上眠。"把自己比喻为一只毛香足净，平时受主人宠爱的小狗，后来因为误咬来宾，给撵出家门。韦皋读了这组诗后，心软了下来，于是取消了对薛涛的惩罚。

由此可见，当时的豪门大户中，养这种宠物狗算是一种"标配"。这一点在敦煌的曲子词里也有所体现，这里面写一个待嫁的姑娘：

玉钗缀素绾乌云髻。年二八久锁香闺。

爱引猧儿鹦鹉戏。十指如玉如葱。

凝酥体雪透罗裳里。堪娉与公子王孙，五陵年少风流婿。

其中"爱引猧儿鹦鹉戏"，说明了大家闺秀的身份，看来自古以来女孩子和贵妇人就喜欢养宠物狗。有人分析说，因为狗狗的智商就跟小孩子一样，而且憨态可掬又听话，这能激发女子身上的母性本能。当然这未必正确，聊备一说吧。

不过，宠物狗确实经常和仕女们同框，描绘这些富婆们生活的画面中，经常出现"猧儿"的身影。

乐

和前一篇带有参与性的『玩』相比，这里收入『乐』字篇的多是一些观赏性的艺术项目。唐朝人虽然没有现在的发达媒体和传播手段，但是音乐、舞蹈、小品剧以及杂技、马戏之类的艺术成就也是相当出色，和诗歌一样，也是一个艺术高峰。而且，由于大唐的包容与开放，像胡旋舞、胡腾舞、龟兹音乐之类的外来艺术，极大地丰富了唐人的艺术天地，并且交融发展出了《霓裳羽衣曲》和《霓裳羽衣舞》这样的旷世绝作，令后人神往不已。

第一章

霓裳羽衣：唐人爱舞蹈

唐人爱舞蹈，不仅诞生了《霓裳羽衣舞》，而且出现了人人参与的盛况，也是后世难以比拟的。假如你有机会穿越到唐朝，参加一个盛大宴会，喝到酒酣耳热的时候，你会吃惊地发现，就算是一个白胡子胖肚子的老家伙，也会突然跳到宴席的中间，手舞足蹈，状如癫狂地又唱又跳起来。

假如你有机会穿越到了唐朝，参加唐朝的一个盛大宴会的话，喝到酒酣耳热的时候，你会吃惊地发现，请大家喝酒的主人，不管是白胡子胖肚子的老家伙，还是穿着红袍的大官（在唐代能穿红袍，至少五品以上），突然跳到宴席的中间，手舞足蹈，状如癫狂地又唱又跳起来。

你肯定会大吃一惊，以为他是喝酒喝多了，在耍酒疯，料想马上就会有随从亲信之类的人上前劝一劝他，趁早离场休息醒酒吧！哪知道，大家伙儿都镇定自若，仿佛是习以为常，还不断为他击掌叫好。

原来，在唐朝时，喝得高兴了，无论多大的官，多有身份的人，都会下场又唱又跳地"疯癫"一番。李白有一首诗《忆旧游寄谯郡元参军》，其中就写"袖长管催欲轻举，汉中太守醉起舞"。在唐朝，年轻进士只能从九品官做起，能混到太守（四品上下）这样的官职，也老大不小了，但就是这样的年纪，这样的身份，一样在席间起舞高歌。

别说汉东太守了，数到唐朝地位最高、身份最尊贵的两个人，皇帝李世民应该算吧？太上皇李渊也有资格吧？就是这么两个人，一样也在欢宴中弹琴唱歌，张牙舞爪地跳舞。

贞观四年二月，大将李靖一举消灭了东突厥，将国王颉利可汗活捉。消息传来，唐朝上下一片欢腾，于是唐太宗召集了十多名重臣和诸位王爷、妃子、公主等在凌烟阁大摆酒宴。喝到高兴时，64岁的老头子李渊亲自取过琵琶来弹奏，身为当今皇帝的李世民就站起身来到庭中，跳起舞来，似乎只有这样，宴会才算达到了高潮。

舞乐图（榆林25窟南壁）

　　以上是敦煌壁画中所呈现的乐舞图景，虽然有宗教色彩，但能够反映出唐代现实社会中人们对歌舞的喜爱。

◎ 著名的《霓裳羽衣舞》

　　到了唐玄宗时，更是诞生了著名的《霓裳羽衣曲》和《霓裳羽衣舞》。话说唐玄宗李隆基是个十足的音乐迷，他在皇宫中一片种满梨树的地方，修了宫室，广纳乐工、优伶等数百人，像李龟年、雷海青、黄幡绰、公孙大娘、李仙鹤等当时知名的"艺术家"都聚在其中。所以直到今天，我们还把戏曲艺术界的人士称为"梨园子弟"，河南电视台有一档戏曲节目就叫《梨园春》。

　　玄宗皇帝不仅喜欢听，自身对于音乐也是十分精通。他在音乐

唐代张萱《明皇合乐图》(局部)

上的造诣可不是一般的爱好者水平，其音乐素养甚至高于某些专业的乐工。《新唐书·礼乐志》载："玄宗既知音律……教于梨园，声有误者，帝必觉而正之。"意思是说乐工们如果演奏时有失误的话，李隆基一下子就能听出来，所以像南郭先生那样的滥竽充数之辈，是不可能在这里混饭吃的。

有一次，一名琴师应召来给李隆基弹琴，才弹了一小段儿，李隆基就觉得他水平也太糟糕，实在是有污自己的耳朵，于是让他滚出去待诏。然后让花奴（侄子李琎）拿羯鼓来弹奏一番，名为"解秽"，意思是清除一下耳朵中的声音污染。

唐玄宗李隆基本身的羯鼓水平也很高，著名乐师李龟年最擅长击打羯鼓，他曾夸口说："臣苦练技艺，单是鼓杖，我就打折了五十支。"玄宗听了哂笑道："这算什么？我把鼓杖打折了三柜。"

所以《霓裳羽衣曲》出自玄宗皇帝之手，也是不奇怪的。这首千古闻名的舞曲，来历有三种说法：

唐代彩绘陶羯鼓（陕西省考古研究院藏）

第一种说法：

说是有一次，李隆基做了一个梦，梦见自己飞呀飞，就飞到了天上，只见月宫之中"寂寞嫦娥舒广袖"，出来一些身着霓裳羽衣的仙子翩翩起舞。梦醒之后，那动人的乐曲仿佛还在李隆基的耳边萦绕，于是他就记下来了这首乐谱。

第二种说法：

说是玄宗皇帝到三乡驿这个地方，望着有着不少神话传说的女儿山，突然触发了灵感而写成了此曲。

《杨太真外传》载：霓裳羽衣曲者，是玄宗登三乡驿，望女儿山所作也。故刘禹锡《三乡驿楼伏睹玄宗皇帝望女儿山诗，小臣斐然有感》诗云：开元天子万事足，惟惜当时光景促。三乡陌上望仙山，归作《霓裳羽衣曲》。

第三种说法：

《唐会要》记载：天宝十三载（公元 754 年），唐玄宗根据河西节度使杨敬述进献的印度《婆罗门曲》的音调加以改编而成。

关于这三种说法，第一种很浪漫，但可信度不高；第二种比较简略，反映出这首曲子是玄宗向往神仙世界而写成的；第三种说得比较客观，玄宗皇帝的这首曲子也不是无源之水，无本之木，也是根据各地的优秀音乐加以改编提炼而成的。当时因为玄宗爱好音乐，西域的节度使就把流传在河西走廊的《甘州曲》《西凉曲》等曲谱进献给玄宗，后来宋词中的《八声甘州》就来源于此。

有些人误把《霓裳羽衣曲》当作是杨玉环创作的，这是不正确的，因为陈鸿的《长恨歌传》曾经有记载说：开元二十八年（公元

740 年），杨玉环在华清池初次入宫晋见时，玄宗皇帝就曾演奏《霓裳羽衣曲》来迎接她，"上甚悦。进见之日，奏《霓裳羽衣曲》以导之"。

至于后来的舞蹈，可能有杨玉环参与编创。杨玉环写有一首诗，给擅长跳《霓裳羽衣舞》的侍女张云容，诗中说："罗袖动香香不已，红蕖袅袅秋烟里。轻云岭上乍摇风，嫩柳池边初拂水。"

由于古代没有音像资料，《霓裳羽衣曲》和《霓裳羽衣舞》的原貌，我们已经不得而知。但是从一些文字描述中，我们大体可以了解一些朦胧的轮廓。

由于要模仿仙人的装束，所以舞蹈者的衣服必然是极为艳丽多彩的。衣服用五彩绫罗绸缎裁制，如霓虹一般耀眼，故称"霓裳"。衣服上再缝缀了很多的羽毛作为装饰，舞者更有翩翩欲飞的姿态，所以叫作"羽衣"。正如白居易写的那样："案前舞者颜如玉，不着人间俗衣服。虹裳霞帔步摇冠，钿璎累累佩珊珊。"

我们看这些美丽的舞女，头梳高髻戴步摇冠（首饰上缀有成串珠子，走动时摇摆，故称"步摇"），身着华丽的霓裳羽衣，盈盈起舞，香风习习，大有飘飘欲仙之态。

其实，在女皇武则天时代就有过类似的场景。武则天让美男子张昌宗身披五彩羽毛做成的衣服，骑在一只木鹤之上，吹笙飞翔，恍如仙人王子晋临凡。

那《霓裳羽衣曲》的音乐是怎样的呢？由于声音在没有录音机的情况下很难精确还原，我们也只是根据白居易的《霓裳羽衣歌（和

清代任薰《瑶池霓裳图》

微之)》来探寻一下。

我昔元和侍宪皇，曾陪内宴宴昭阳。

千歌百舞不可数，就中最爱霓裳舞。

舞时寒食春风天，玉钩栏下香案前。

案前舞者颜如玉，不着人家俗衣服。

虹裳霞帔步摇冠，钿璎累累佩珊珊。

娉婷似不任罗绮，顾听乐悬行复止。

磬箫筝笛递相搀，击擫弹吹声逦迤。

散序六奏未动衣，阳台宿云慵不飞。

中序擘騞初入拍，秋竹竿裂春冰坼。

所以我们可以大致猜想出这样的形式：

舞蹈开始之前，先有一段序曲，仅仅用"磬、筝、箫、笛"等几种乐器交错弹奏，旋律舒缓、悠扬，起到一个情绪铺垫的作用。然后音乐由缓慢悠然的节奏，渐渐过渡到激昂急促的拍子，这时候那些漂亮的小姐姐也开始翩翩起舞了。

这舞姿实在太迷人了，白居易不禁感叹："飘然转旋回雪轻，嫣然纵送游

唐代陶彩绘女舞俑

龙惊。小垂手后柳无力，斜曳裾时云欲生。"

随后，音乐越来越急促，舞姿也越来越急如骤风，所谓"繁音急节十二遍，跳珠撼玉何铿铮"——就是说音乐的节奏越来越强劲有力，舞者的动作也越来越剧烈，所以身上的珠玉首饰都撞击得铿然有声。

据说这《霓裳羽衣曲》全曲共有 36 段，有人在行舟时听乐工演奏此曲，船行了 15 里地，才欣赏完。就此算来，这个乐章要演奏一个多小时。

只可惜，《霓裳羽衣曲》和《霓裳羽衣舞》后世早已失传，我们只能凭想象来揣摩当时这支歌舞美轮美奂的胜景了。

白居易曾说："千歌万舞不可数，就中最爱霓裳舞"，想来这大唐第一有名的舞曲，必定是名不虚传。

◉ 胡腾舞和胡旋舞

《霓裳羽衣舞》这一类，跳舞的主要是美丽的小姐姐们，而前面说过，唐代不分男女老少，都是高兴了就要手舞足蹈一番的。那男人一般跳什么舞呢，当时最有名的叫作"胡腾舞"。

这种舞是从中亚的石国（今乌兹别克斯坦塔什干一带）传过来的，由于是从西域传过来的，所以跳得最好的，还是那些当时被称为"胡人"的少数民族男子。他们在漂亮的花毯上起舞，以生龙活虎一般的跳跃和急促多变的腾踏步为主，伴奏的乐器有横笛和

唐三彩骆驼载乐俑

琵琶。

　　上图为唐三彩骆驼载乐俑，1959 年在陕西省西安市西郊中堡村唐墓出土，现藏于陕西历史博物馆。乐俑高 58 厘米，长 43 厘米，驼背上的乐队充分体现了西域音乐（胡乐）和盛唐文化的交流及融合，胡腾舞之类受到唐朝人的喜爱，也是在情理之中的。

中唐诗人李端曾经写过一首著名的诗，叫作《胡腾儿》，从中可以更清楚地了解这种舞的情形：

胡腾身是凉州儿，肌肤如玉鼻如锥。

桐布轻衫前后卷，葡萄长带一边垂。

　…………

扬眉动目踏花毡，红汗交流珠帽偏。

醉却东倾又西倒，双靴柔弱满灯前。

环行急蹴皆应节，反手叉腰如却月。

　…………

诗中写表演舞蹈的男子是甘肃凉州一带的人，他们皮肤白皙如玉，鼻子很高，像是锥子一样，头上戴着尖顶的绣花珠帽，身上穿着桐布轻衫，腰里系着葡萄花纹的长带子。他们随着强健的音乐急蹴环行，身体轻盈得像小鸟在飞翔，有时跳起来旋转，有时候又像喝醉了酒一样东倒西歪（仿佛是醉拳中的姿势），有时反手叉腰，身子后折到地，好像半圆的月亮。

这种舞蹈对体力的消耗是相当大的，所以经常是"红汗交流珠帽偏"，脸上的汗水混着化妆时的胭脂粉彩之类流淌下来，头上的小珠帽也不免在紧张急促的动作中歪向了一旁。

这幅壁画是 1952 年在唐玄宗时的大宦官苏思勖墓室中发现的，

1952 年西安市东郊唐苏思勖墓出土《乐舞图》

苏思勖虽然是个太监（唐朝称宦官），但勇武过人，立过不少军功。他活到 80 多岁，死后隆重下葬。壁画上就是表演胡腾舞的情景：中间舞者为胡人形象，深目、高鼻、络腮胡。他头戴白色尖顶胡帽，身穿圆领长袖衫，腰系黑腰带，正在表演，两旁有乐队吹奏舞曲伴奏。

唐代长沙窑贴花舞蹈人物纹执壶
（上有圆毯上跳舞人物）

左图为唐代长沙窑贴花舞蹈人物纹执壶，上有圆毯上跳舞人物，应该也属于胡腾舞之类。

除了胡腾舞之外，与之类似的还有胡旋舞。这种舞蹈也是从中亚传来的，是一个叫康居国的地方。顾名思义，胡腾舞主要动作以上下跳跃为主，而胡旋舞则是快速的旋转。《唐书·乐志》曰："康居国乐舞急转如风，俗谓之胡旋。"

《安禄山事迹》中说，安禄山这个大奸贼来到长安城后，为了取悦唐玄宗，亲自下场跳胡旋舞给唐玄宗和杨贵妃看。别看安贼是个200多斤的大胖子，跳起舞来居然旋转如风，活像一个大陀螺。"禄山胡旋迷君眼"，玄宗和杨贵妃看了极为开心，从此对安禄山更为宠信。

有了玄宗和杨贵妃的喜爱，胡旋舞风靡一时。正如白居易所说："天宝季年时欲变，臣妾人人学圆转"——你说"臣妾做不到啊！"那就等着失宠吧。

安史之乱后，不少人把酿成这场祸患的责任赖在了胡旋舞头上，一度遭到不少诗人的反感和抵制，像元稹《胡旋女》诗就写："天宝欲末胡欲乱，胡人献女能胡旋。旋得明王不觉迷，妖胡奄到长生殿。"白居易也有诗："禄山胡旋迷君眼，兵过黄河疑未反。贵妃胡旋惑君心，死弃马嵬念更深。"

听他们这样说，似乎胡旋舞就是安禄山引进中原来颠覆唐朝江山的。其实不然，早在唐中宗的时代，帅哥武延秀就是因为擅长跳胡旋舞，才被安乐公主相中，成为驸马。当然，武延秀也不什么是正面人物，史书中专门写他用胡旋舞来取悦安乐公主，也是带着讽刺和鄙视的。

虽然胡旋舞有了不好的名声，但却无法消除人们对它的喜爱。

胡旋女身着薄软的贴身舞衣，披着艳丽的轻纱，戴着闪闪发光的金银饰物。她们起舞时，像空中的雪花、风中的柳絮一样轻盈美丽。她们旋转起来似乎永不疲倦，给人们以美妙的艺术感受。

后来，有人更是升级了这个技艺，直接站在一个大球上旋转。《新唐书·礼乐志》载："胡旋舞，舞者立球上，旋转如风。"《乐府杂录》载："胡旋舞居一小圆球子上舞，纵横腾掷，两足终不离球上，其妙如此。"由此看来，这是一种把胡旋舞和杂技糅合在一起的表现形式。

现在我们看新疆的民族舞蹈，还有类似的动作，大家可以到网上搜索一下新疆姑娘跳舞的视频，会发现不少此类舞蹈，都有身体旋转如风，衣裙也圆转如轮的美丽画面。

这应该就是当年胡旋舞的遗风流韵。

敦煌壁画中的胡旋舞（临摹稿）

☯ 舞蹈艺术家公孙大娘

盛唐时著名的舞蹈家公孙大娘，因为诗圣杜甫的传世名篇而广为人知，也是最早载入史册的专业舞蹈家（之前虽然有赵飞燕之类的擅长舞蹈，但她是皇后，并不是以舞蹈为业）。

这里有必要普及一下，这里的"大娘"，并不是老大娘的意思，不要代入"大娘水饺"标志上的那个老阿姨。这里是因为她姓公孙，又是排行老大，所以就称她为"大娘"。

在古代社会，尤其是唐宋时期，很流行用排行来称呼人的叫法，像杜甫，朋友唤他是杜二，柳宗元叫柳八，白居易是白二十二。有的朋友可能一脸问号，这白居易的妈也太能生了吧，不是的，唐人的排行是大排行，是整个家族的人一起排的。

然后，很多普通人，根本没有名字，就张三、李四这样叫，男子就加个"郎"字，比如武大郎……女的就加个"娘"，比如孙二娘、扈三娘，这一点语言特征现在只残存在我们举办婚礼时的称呼："新郎新娘。"

杜甫有首诗《观公孙大娘弟子舞剑器行》，这是杜甫晚年的一首诗作。当时诗人已经是白发苍苍，老病相煎。他离开长安，流落到夔州府（现在的重庆市奉节县），在这里看到了一个叫李十二娘的女子表演的剑器舞，一问之下，才知道她就是公孙大娘的弟子。

杜甫不禁百感交集，回想起开元三年（公元715年）时，自己还是个小小的孩童（当时3岁多），曾经看到过公孙大娘表演剑器舞，那精彩万分的场面，给幼小的杜甫留下极深的印象。按这样推算，公孙大娘至少要比杜甫大十来岁的样子。

而到了大历二年（公元 767 年）的这个深秋，杜甫已是 55 岁的白发衰翁。曾经在梨园之中以剑器舞名冠当时的公孙大娘也早已不知所终，或许已经不在人世，连她的弟子李十二娘也容颜老去，不复青春妙龄。杜甫不禁感慨万千，老泪纵横。他哭的是公孙大娘，哭的也是自己的青春岁月，哭的更是大唐那不能复来的光辉岁月——开元天宝盛世。

那剑器舞究竟是什么样子呢？根据有些人的推想，剑器舞应该是像公孙大娘这样漂亮的女子穿了轻薄的铠甲，模仿军士的打扮，手中舞剑或者一些诸如火炬、旗帜、绸带之类的东西。舞蹈的风格，当然也是以刚劲雄健为主。

敦煌莫高窟 220 窟《东方药师经变》壁画剑器舞

　　杜甫诗中曾描写公孙大娘的剑器舞，那是："昔有佳人公孙氏，一舞剑器动四方。观者如山色沮丧，天地为之久低昂。耀如羿射九日落，矫如群帝骖龙翔。来如雷霆收震怒，罢如江海凝清光……"

　　我们看，公孙大娘的剑器舞表演时，围观者人山人海，个个看得目瞪口呆，矫舌不下，似乎连天地风云也为之色变。舞蹈时，耀眼的剑光像是后羿射落了九个太阳，跳跃的身形矫健如天帝所乘的游龙一样在天上翱翔。起舞的时候如同雷霆乍作，收势时如江海凝住了波涛泛起的清光。

　　通过诗圣以上的描述，我们大概能体会到公孙大娘的剑器舞有多么雄健优美，动人心魄了。

　　据唐人所写的《明皇杂录》记载："时公孙大娘能为《邻里曲》及《裴将军满堂势》、《西河剑器浑脱舞》，妍妙皆冠绝于时。"

　　其中，《裴将军满堂势》中裴将军，指的是当时著名的剑术家裴旻。这个裴旻可不是花架子，而是经过战场上的实战考验的。唐朝人张文成的《朝野金载》中记载："裴旻与幽州都督孙佺北征，被奚贼所围。旻马上立走，轮刀雷发，箭若星流，应刀而断。贼不敢取，蓬飞而去。"有道是"大将军不怕千军，只怕寸铁"，任你多勇悍的猛将，强弓硬弩雨点般一阵猛射，也得变成个大刺猬。而人家裴旻居然能镇定自若，将一柄长刀舞得风雨不透，敌人的箭雨被他纷纷削掉，落于马前，敌人从来没有见过这么嚣张霸气的人，于是吓得胆战心惊，远远逃走。这一手比起令狐冲"独孤九剑"中的"破箭式"也不见逊色吧。

当然，公孙大娘的剑器是不是有实战性，这一点还是有疑问的。历来动作好看未必真正能打，功夫明星李连杰的武打动作最为赏心悦目，但真正去打 UFC 却未必有好成绩，就是这个道理。

所以很大程度上，公孙大娘并非女侠客，剑舞也只是融合杂技、舞蹈和武术动作的表演。当然，公孙大娘如果打笔者这样的文弱书生，或者整天敲着键盘、戴着近视眼镜的码农，应该还是很轻松的。

到了唐文宗时，曾下旨将"李白的诗歌、张旭的书法、裴旻的剑术"称为"三绝"。有意思的是，据杜甫诗中所说，张旭的书法成就还是受了公孙大娘剑器舞的启发呢："往者吴人张旭善

明代陈洪绶《公孙大娘舞剑图》

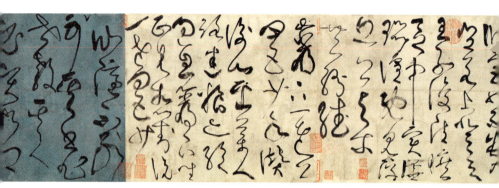

唐代张旭草书《古诗四帖》

草书书帖，数尝于邺县见公孙大娘舞西河剑器，自此草书长进，豪荡感激，即公孙可知矣。"

公孙大娘的剑器舞我们看不到了，但张旭的书法还是能看到的。有道是"书法是凝固的音乐，纸上的舞蹈"，我们看张旭狂草中那金蛇狂舞般的酣畅气势，就可以想象公孙大娘当年的舞蹈有多么地动人！

胡腾舞、胡旋舞以及剑器舞就和现在的街舞一样，有一种力与美的雄健气韵，所以在唐代被称为"健舞"，与之相反，比较轻柔曼妙的则称为"软舞"。

以上说的主要是健舞一类，关于软舞，主要有《柘枝》舞、《绿腰》舞，以及《春莺啭》等等，这些舞蹈基本上都是以婀娜妩媚取胜。由于健舞才是唐朝比较突出的特色，所以软舞就不详细说了，值得一提的是唐人常说到的《绿腰》这支舞。

《绿腰》这支舞，又名《录要》或《六幺》等，是唐朝著名的软舞。

望文生义，不少人会觉得舞者会用绿绸缠腰，其实不然。我们看传世名画《韩熙载夜宴图》，画有表演《绿腰》的真实场面：这个叫王屋山的舞姬身穿天蓝色长袖舞衣，正在翩翩起舞，并没有绿腰这样的装束。

《韩熙载夜宴图》
绿腰舞

　　唐代诗人白居易有过解释，他在《听歌六绝句》一诗中说："《乐世》，一曰《绿腰》。"《琵琶录》曰："《绿腰》，即录要也。贞元中，乐工进曲，德宗令录出要者，因以为名，后语讹为《绿腰》。"

　　我们不妨做个猜想：看来"绿腰"是"录要"之称的音讹，古时的人，六、绿、录一律都念 lù，像现在安徽六安的"六"，还念 lù 这个音，数字六的大写是"陆"，"绿林好汉"的"绿"也念 lù，都能说明这一点。

　　《绿腰》是女子独舞，节奏轻快，舞姿优美轻盈。李群玉有诗："南国有佳人，轻盈绿腰舞……翩如兰苕翠，婉如游龙举……慢态不能穷，繁姿曲向终。"

　　《绿腰》(《六幺》) 的乐曲也是风靡一时的，白居易《琵琶行》里说的"初为霓裳后六幺"就是指的这支曲子，可见其流行程度能和《霓裳羽衣曲》相媲美。

第二章

仙乐飘飘：唐代的歌星和乐手

唐代的艺坛，活跃着很多的男女"歌星"，男的著名的有李龟年，女的有念奴、许和子等等。而出色的乐手也是不胜枚举，琵琶高手有康昆仑、段善本，笛子高手有李谟，就连皇帝唐玄宗也精擅多种乐器。他的本领，尤其是羯鼓之类的演奏水平，远超一般的职业乐手呢！

◉ 盛世歌王李龟年

唐朝最著名的男歌星，非李龟年莫属。李龟年是盛唐时的著名歌者，开元天宝盛世的歌王，他可谓当之无愧。

有些朋友可能会诧异，什么名字不好取，为啥叫个乌龟的"龟"字，难听死了。岂不知，龟在唐代并不像现在这样含有贬义。唐初，内外官五品以上，皆佩鱼袋。武后天授元年，改内外官佩鱼为佩龟。三品以上龟袋用金饰，四品用银饰，五品用铜饰。贺知章有名的"金龟换酒"说的就是这个。

看，下图就是1987年法门寺唐塔地宫出土的鎏金银龟盒，由此可以看出唐人对于龟并没有后世那种厌恶的心态，反而是视作吉祥之物的。

有道是"龟龄鹤寿"，在古代，龟和鹤都是长寿之物。所以，李龟年的父亲起名时，是期望自己的孩子能长命百岁。李龟年的两个哥哥，分别叫李彭年和李鹤年。彭是指的活了800岁的彭祖，也是长寿的意思。

鎏金龟形银盒（法门寺出土）

李龟年的两个哥哥也是演艺界的人物，李彭年擅长跳舞，而李龟年、李鹤年擅长唱歌。当然，李龟年更出色，而且李龟年还擅长吹筚篥（一种管乐器），击羯鼓，还会自己写曲子。前面说过李龟年擅长击打羯鼓，曾夸口说："臣苦练技艺，单是鼓杖，我就打折了五十支。"

"岐王宅里寻常见，崔九堂前几度闻"，杜甫这著名的诗句，让李龟年的知名度爆棚。这里所说的岐王，是李隆基的弟弟，也是一个音乐爱好者。而崔九指的是重臣崔涤，也是皇帝的近臣。

晚唐冯贽写的《云仙杂记·辨琴秦楚声》中记载了这样一个故事，说是有一次李龟年来到了岐王的宅院中，听到帘幕之后有人在弹琴，他驻足听了一会儿，说："这是秦地（甘肃陕西一带）的音声。"这时音乐中断，再度响起后，李龟年又诧异道："怎么又变成了楚地（湖北一带）音声？"

岐王也有点奇怪，到帘幕后面一问，原来之前弹琴的人是家在陇西的沈妍，而后来续弹的是扬州来的薛满。这两名歌姬见李龟年竟然能从她们弹的同一曲子里，听出自己的家乡来历，都是十分佩服。当下将破红绡（丝织品，唐朝可以当钱用）、蟾酥麨（蟾酥加面粉和成的补品）赠给李龟年。但是李龟年不稀罕这些东西，他看上了沈妍弹的那件秦音琵琶，于是强要了过来，一边乐可不支地弹奏，一边跑出了王府。

李龟年不仅出入于王侯宅第，他和皇帝、贵妃也是经常见面。唐玄宗和杨贵妃游玩宴饮之时，经常带上李龟年，让他即兴作曲演唱，以助游兴。

大家都知道李白有三首名闻千古的《清平调》，却很少有人注意到，新词是诗仙李白写的，新曲是谁作的呢？作曲并演唱的，正是李龟年。

唐李浚撰《松窗录》记载，当时，正值春风浩荡的时节，沉香亭畔的牡丹朵朵娇艳，玄宗皇帝带着杨贵妃，饮酒赏花。如此良辰美景，怎么能没有歌舞助兴呢？于是召来李龟年唱曲，正要开口时，玄宗皇帝又有了新想法，他说："如此名花美人，怎么能还用旧词旧曲？"

众人都说，写诗词最出色的首推李白，于是皇帝召来时任翰林供奉的李白写新词。当时爱酒如命的李白喝了不少酒，沉醉未醒，就在半醉之中写下了《清平调》三首诗："云想衣裳花想容，春风拂槛露华浓。若非群玉山头见，会向瑶台月下逢。""一枝红艳露凝香，云雨巫山枉断肠。借问汉宫谁得似，可怜飞燕倚新妆。""名花倾国两相欢，长得君王带笑看。解释春风无限恨，沉香亭北倚阑干。"

李白这三首诗，将娇艳高贵的杨贵妃和国色天香的牡丹描绘得"人""花"交融，花光人面，美丽不可方物，春风满纸，云蒸霞蔚。

日本正仓院藏唐代琉璃碗和琉璃杯

但是，有了李太白的锦心作诗，还得有李龟年的绣口来唱，当下一片丝竹声中，李龟年开口高歌。杨贵妃很是开心，手持高脚玻璃杯喝起红葡萄酒来。停！有同学说作者你这是穿越了吧？玻璃杯、葡萄酒这不是西洋的东西吗？这场景感觉到了民国才有啊？殊不知，唐朝也是有玻璃杯和葡萄酒的。《册府元龟》记载："及破高昌，收马乳葡萄实，于苑中种之，并得其酒法。帝自损益，造酒成。凡有八色，芳辛酷烈，味兼醍盎。既颁赐群臣，京师始识其味。"唐太宗灭了西域的高昌国之后，得到了酿酒的技术，对以上技术修改后，酿出了芳香酷烈的葡萄酒，并赏赐给大臣品尝。

以上情景的原文记载是这样的："太真妃持颇梨七宝杯，酌西凉州蒲萄酒，笑领歌辞，意甚厚。"（《李太白文集》卷三十）

所谓颇梨七宝杯，就是玻璃杯，当时玻璃的制造工艺并不普及，所以玻璃杯的价值不比玉杯、玛瑙杯之类低。

清代苏六朋绘《清平调图》

　　这时候唐玄宗也兴致极浓,亲自吹起玉笛来伴奏。要说,这场盛事中,李龟年最是吃亏,成了被忽略的一个角色。其实我们看现在,人们大多数只记得歌星,远的有谭咏麟、张学友、周华健,近的有蔡徐坤、周深,一数一大把,但写词的人,大家能记得多少?恐怕不到知名歌星的十分之一。而到了李龟年这儿,反过来了,写词的李白在这场盛会中风头十足。千百年之后,电影《妖猫传》还还原了一把写《清平调》的场景,而李龟年呢,连露一小脸的机会都没有。

　　究其原因,应该是古代没有影像记录的技术,只能流传下来文字类的东西,要是能看到帅气无比的李龟年的精彩表演,说不定他一下子能圈粉无数,直追李白呢。

　　李龟年为什么能在岐王宅里那么狂,就是因为他和皇帝极为亲近。很多著名的宫廷乐曲都是他创作的。《碧鸡漫志》记载:“太真妃好食荔枝,每岁忠州置急递上进,五日至都。天宝四载夏,荔枝滋甚,比开笼时,香满一室,供奉李龟年撰此曲进之,宣赐甚厚。”

　　杨贵妃喜欢吃荔枝,四川忠州每年都要快马加鞭,动用紧急军情才使用的驿站来运送新鲜荔枝给杨贵妃。天宝四载盛夏的一天,运来的荔枝打开竹笼时,香气满室。李龟年于是锦上添花,马上谱了一首新曲,名为《荔枝香》。献了上去后,玄宗皇帝和杨贵妃都十分高兴,赏赐了李龟年很多贵重东西。后来这《荔枝香》的曲子流传甚广,到了宋代,演化成了词牌。

　　时代 K 线中的一根小阴线,就可能影响人的一生,何况唐朝的安史之乱，实在是一个熔断级的大事件。所以，李龟年的好日子也随着安史之乱的发生而一去不复返了。

长安陷落了，玄宗退位了，杨贵妃自缢了，李龟年也流落到江南一带，不得不靠卖唱为生。他老了，当年的青春岁月也随着开元天宝的繁华风流云散。

唐代范摅的《云溪友议》记载，李龟年后来流落江潭，曾经在湘中采访使宴席上唱了王维的五言诗《相思》："红豆生南国，春来发几枝。愿君多采撷，此物最相思。"又含泪演唱了王维的《伊川歌》："清风明月苦相思，荡子从戎十载余。征人去日殷勤嘱，归燕来时数附书。"唱罢，因感伤旧事，心中大恸，突然昏死在地上，人事不知，只是左耳还有些热气。其妻不忍心把他装入棺材埋掉，就这样守了四天。李龟年又突然回光返照，醒了过来，对人说："我遇二妃，令教侍女兰苕唱，被褉毕，放还。"但李龟年最终郁郁而死。

传说李龟年这四天是被湖湘之地的仙女召去教曲了，这和传说李贺早亡是天帝建成了白玉楼，要召他去写文章一样，都是人们的一种美好想象罢了。

李龟年死时，整个盛唐都死去了，李龟年唱罢挽歌，也随之离去。

◉ 念奴大名千古传

说到盛唐的"女歌星"，不能不提念奴。大家现在背古诗词，像苏东坡的《念奴娇·赤壁怀古》等，让大家对《念奴娇》这个词牌名相当熟悉。但说起念奴这个人，有些人可能就不熟悉了，甚至不知道该词牌是由她而来。

《开元天宝遗事》一书载："念奴者，有姿色，善歌唱，未尝一日离帝左右。每执板当席顾眄，帝谓妃子曰：'此女妖丽，眼色媚人……'"念奴长得十分漂亮，演唱时拿着檀板左顾右盼，媚眼生春，眼波流转，十分动人。玄宗就夸她："此女妖丽，眼色媚人。"大概就像《老残游记》描写的歌女王小玉那样："那双眼睛，如秋水，如寒星，如宝珠，如白水银里头养着两丸黑水银。"

念奴不但姿容娇媚，而且她的歌喉也是一绝："每啭声歌喉，则声出于朝霞之上，虽钟鼓笙竽嘈杂而莫能遏"——声音高亢明丽，直入云霄，就算是钟鼓笙竽类各种乐器的声音也遮盖不住她的声音。要知道，那时候可是没有声卡、麦克风的哦。

唐末五代王处直墓彩绘浮雕女伎乐图

当时，唐玄宗每年都要在五凤楼前大摆酒宴，与民同乐。宴会引来众多长安的群众到楼下围观，数日之后，那些人喧嚣不已，声音嘈杂，音乐声都被这些噪声的音浪掩盖了。

负责维护秩序的酷吏严安之、韦黄裳等也没有什么好办法，因为如果在平时，派一些军士用棍子打、鞭子抽，定然能让这些老百姓老老实实地听话，但这样就会破坏了唐玄宗与民同乐的和谐气氛，所以他们也不敢"野蛮执法"。

乐队只好停止演奏。面对此种情景，唐玄宗让宦官高力士对大家说："你们都安静一下，马上叫念奴来唱歌，邠二十五郎（邠王李承宁）吹笛伴奏，你们想不想听？"大伙儿一听，都安静下来了。

念奴来到后一开口，清亮的歌声响遏行云，大家陶醉在美妙的歌声中，场面安静得连掉一根针也听得到。

中唐诗人元稹的《连昌宫词》中也生动地记载了这一场景：

夜半月高弦索鸣，贺老琵琶定场屋。
力士传呼觅念奴，念奴潜伴诸郎宿。
须臾觅得又连催，特敕街中许燃烛。
春娇满眼睡红绡，掠削云鬟旋装束。
飞上九天歌一声，二十五郎吹管逐。

这里说开唱之前，贺老（贺怀智）先弹了一曲琵琶来暖场，但人们最期望看到的，还是女明星念奴。高力士慌忙去寻找念奴，但念奴偷偷地和年轻的帅哥睡觉呢。好不容易找到了她，匆忙中收拾好衣装和头饰，她高唱一曲，声震九天云霄，才让所有的观众心满意足，演出得以圆满结束。

念奴的事迹，因为史料上记载不多，她的生卒年都不清楚，但她的名字，却嵌到了《念奴娇》的词牌中，流传千古。

◉ 大唐"歌妃"许和子

除了念奴，当时相当知名的"女歌星"还有许和子（或称许合子），现在有两部电视剧像《大唐歌飞》和《长安十二时辰》（改叫许鹤子）都出现过她的形象。尤其是《大唐歌飞》这部剧，马苏饰演的许合子，以女一号的重头戏出镜。她不仅参与到杨贵妃和梅妃（本身就是故事人物）的宫斗大戏中，直接以恋爱活动影响到太子李亨谋权夺位的最高机密，还把诗仙李白迷得七荤八素。其实这些纯属戏说，当热闹看可以，但绝非真实历史。

据唐朝人段安节的《乐府杂录》记载："开元中，内人有许和子者，本吉州永新县乐家女也。开元末选入宫，即以永新名之，籍于宜春院。"许和子是吉州永新县人（今江西吉安永新县），出生在一个乐工世家。作为"永新一枝花"的许和子，在开元末年应选入宫，成为梨园子弟之一。

许和子当时和众多女弟子一样，住在梨园中的宜春院。在这里，朝廷按月发给禄米，最大的优势是能拥有很多亲近皇帝的机会，一旦皇帝高兴了，赏赐一个官职或者宅院田地什么的，也就是一句话的事儿。

但是，许和子的身份不像电视剧里说的那样，是什么"歌妃"。

唐代的后宫也是有森严的等级制度的，不是随随便便就能成为妃子的。唐朝后宫中的"编制"是这样的：

唐初参照隋朝旧制，皇后一人，下立四妃——贵妃、淑妃、德妃、贤妃各一人，以下有九嫔——昭仪、昭容、昭媛、修仪、修容、修媛、充仪、充容、充媛各一人，再下就是婕妤九人，美人九人，才人九人……

唐玄宗开元年间，对妃嫔称号另作更改，皇后一人，三妃：惠妃、丽妃、华妃，芳仪六人，美人四人，才人七人……

我们看，妃子的名额一共三四个，成为皇妃的人，史册上都是有明确记载的，所以许和子的"歌妃"之号，纯粹是导演封的。当然，从歌女等身份卑微的人逆袭成为皇妃甚至皇后，历史上也是有例子的。前有卫子夫、赵飞燕，后有宋真宗的刘娥、宋宁宗的杨皇后，但许和子却没有这等际遇，不然史书是不会忽略的。

有关许和子的历史记载也很少，她也有和念奴类似的故事，也是说玄宗皇帝在勤政楼大宴时，楼下"观者数千万众，喧哗聚语"，噪声的声浪把音乐的声音都掩盖了。皇帝见状大为不悦，就想散了宴席回宫。这时高力士说："命永新出楼歌一曲，必可止喧"——因为许和子家在永新，所以宫里就以"永新"称呼她。等许和子出场后，她从容地撩好鬓发，举起衣袖，喉啭一声，响彻云霄。这时候，广场中密密麻麻的人群全都安静下来，被许和子的歌声所陶醉——"至是广场寂寂，若无一人"。

由此可以看出，许和子歌喉高亢，真称得上是"金嗓子"。"明皇尝独召李谟吹笛逐其歌，曲终管裂，其妙如此。"玄宗曾经让著名的笛子高手李谟为她伴奏，结果一曲下来，李谟的笛子竟然给吹裂了。可见许和子如果能穿越到今天，肯定也会被誉为"铁肺"歌星的。

安史之乱后，许和子和其他乐伎一样，流落到南方，嫁给了一个做小官的读书人。一个叫韦青的人，当年曾官至金吾将军，由于经常负责宫中的警卫工作，所以多次听到过许和子唱歌。长安陷落后，他来到扬州避难，于一个月圆之夜，正在河边凭栏怅望，忽然听到河里的一艘小船上，传来穿云裂帛一般的女子歌声。他马上就感觉到：这是许和子的歌声啊！于是循声找过去，果然正是落魄在此的许和子。

眼见许和子风鬟雾鬓，满脸憔悴之色，韦青和她一起回忆起当年宫中的情景。想到如今山河残破，有家难回，两人忍不住都是放声大哭。

后来，许和子嫁的那个丈夫也早早死去了。她衣食无着，贫病交加，只好沦落风尘。然后，愁病相煎之中，许和子终于支撑不住了。她病得起不来床了，临死前和母亲说："阿母钱树子倒矣！"——母亲，你的摇钱树倒了，我不能再给你赚钱了！

许和子人长得漂亮，歌又好，而且深通乐理，能自度新曲，被誉为"韩娥、李延年殁后千余载，旷无其人，至永新始继其能"。"韩娥、李延年"（古代著名歌者）以后千百年来的第一人。据唐人冯翊子编撰的《桂苑丛谈》记载，"国乐妇人有永新妇、御史娘、柳青娘，皆一时之妙也。"许和子的歌曲被称国乐，可见时人对其评价之高。

《韩熙载夜宴图》中的歌女

前面提到的那个韦青知乐擅唱，还把歌唱技艺传给了一个叫张红红的歌女。张红红后来成为大历年间最著名的女歌手。而韦青死后，张红红竟然因为伤心过度，也随之死去了。

上面的图，是南唐著名画作《韩熙载夜宴图》中的歌女形象。图画虽然能让我们看到她们的美丽形象，但是她们的悲欢喜乐却已经深埋在历史的风尘中，难以追寻。

◉ 大唐乐手的直播 PK

由于历史的原因，唐代的精美乐器很少有完好保存在世的。但日本奈良的正仓院里珍藏着唐代三种不同的琵琶。图片中这件螺钿

螺钿紫檀五弦琵琶（正反面）

紫檀五弦琵琶是仅见的一个五弦琵琶，通过它的华美，我们可以窥见唐代的奢华绮丽。

大家对白居易的《琵琶行》一诗都是相当熟悉，其中有一句"曲罢曾教善才服"。诗中的曹善才就是著名的琵琶高手，而且其父曹保、其子曹刚都是此中翘楚，可谓琵琶世家。

在唐朝，有不少的知名琵琶乐手，除了前面提到过的贺老（贺怀智），还有段善本、裴神符、康昆仑、雷海青、李管儿、赵璧等等。这里就不详细说了，只说中唐时一场有趣的琵琶PK。

如今的网络直播中，经常有主播们在直播间连线PK，所谓"守塔"和"偷塔"，其实多半拼的不是才艺，而是粉丝忠诚度。而且无论输赢，得利的一是平台，二是主播，却依然有不少啃着方便面给人家刷礼物的"老铁"们。

唐朝贞元年间，也有过一场别开生面的PK。当时长安大旱，河井枯干，田陌生烟。古代人没有科技手段，只能寄希望于老天爷，于是发起隆重的祈雨仪式。唐朝人喜欢享乐，于是就借祈雨为由，唱歌跳舞，几乎搞成了一场大联欢。

当时的长安城东、西两条街就PK起来了。只见东街搭起的高台上，一位面色黝黑的男子走了上来，大家顿时欢声雷动。原来他就是大名鼎鼎的琵琶高手康昆仑，康昆仑来自西域康国（今乌兹别克斯坦共和国撒马尔罕一带），而且肤色比较黑。唐人一般将"卷发黑身"的外来人称为"昆仑"，所以就给他取名叫康昆仑。

别看康昆仑的颜值不怎么样，但他是宫中的供奉乐师，琵琶的弹奏功夫那是相当了得，被誉为"长安第一手"。人们潮水般涌到东边的彩台之下，只见康昆仑大模大样地弹了一曲羽调《绿腰》。他技法娴熟，十指轮动，乐曲如流水般畅快，台下众人无不拍手叫好，音浪爆棚，一时间东街在气势上把西街压得死死的。众人都想，这回西街要输定了，能请来宫中的著名乐师康昆仑，西街还能有什么招儿呢？

东街百姓扬扬得意，还不时冲西街发出嘲讽的声音。西街那边也骚动起来，众人看时，只见一位身着艳服、环佩丁当的美人，怀抱着琵琶娉娉袅袅地走上了高高的彩台。一开始，康昆仑还嗤之以鼻："这个女流之辈，能弹出什么好曲子，无非靠色相取宠罢了。"

然而，当这个女郎开始弹奏时，康昆仑不得不放下了轻视之心。他只听了一小段，就惊呆了。原来这个女郎弹的也是《绿腰》曲，但是却移到了"枫香调"上，这比自己所弹的"羽调"可是要高明多了。

只见这位女郎开始是轻拢慢捻，但随着乐曲来到中段的高潮部分，她的手指也如疾风骤雨一般快捷无比。乐声一会儿如山中清泉淙淙而响，一会儿又如林中百鸟千啼百啭，一会儿又犹金戈铁马铿锵而来，一会儿又犹疾风迅雷惊天动地。大家听得如醉如痴，连康昆仑也不由得为之折服。

一曲终了，东、西两街的百姓都是雷鸣般地喝彩。康昆仑一时间弄了个灰头土脸，十分尴尬。这康昆仑倒是个大度的人，拿得起放得下，眼见技不如人，就诚心诚意地跑到西街那边，向这位女郎请教技艺，甚至不惜拜其为师。

等康昆仑跑到了后台，只见那女郎对他笑了笑，转身进了"更衣室"卸妆。康昆仑就守在门口，恭恭敬敬地等待。哪知道过了一会儿，从里面出来的人竟然变成了和尚，那和尚面带微笑说道："我乃庄严寺的善本，俗姓段。"

原来，西市为了能在这场 PK 中获胜，特地请了有名的琵琶高手段善本，而为了制造轰动效应，段善本就男扮女装，当了一会儿

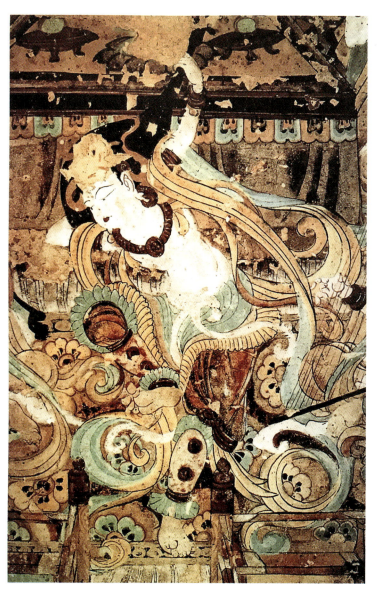

敦煌莫高窟反弹琵琶图

女装大佬。

　　有人可能会质疑：按历史上的记载，段善本当时年纪已经不小了，怎么还能扮成女郎？难道不辣眼睛吗？要知道，唐代歌女的妆容和现在的日本艺伎差不多，脸上都涂一层厚厚的白粉，然后画上眉毛，点上红，类似我们视频中开了超级美颜的效果。所以只要脸形的轮廓好，脸上有些皱纹也不怎么影响的。至于发髻，更是有假发之类的可以充当。就算是真正的女子，在表演时往往也会使用假发，因为自身的发量，有时并不能支撑各式各样堆云砌墨一样的高挽发髻。

　　这件事一时间哄传朝野，连德宗皇帝都知道了。皇帝于是让段善本来教授一下康昆仑。段善本让康昆仑弹一段来听听，康昆仑不敢怠慢，当下用尽平生的本事，弹了一首自己最得意的曲子。

　　听完之后，段善本说："你弹得虽然也不错，但技法不精纯，太过驳杂，而且中间带有邪音。"康昆仑听了大惊失色，他说："师父真是辨音如神，我确实拜过好几个师父，而且幼年时随一个和我做邻居的女巫学过一些琴艺，所以琴中带邪音，正是由此而来。"

　　段善本叹道："既然如此，那你和我学琴可就难了。你要十年不近乐器，把过去的习惯全都忘掉后，再和我从头学起才行。"

唐代弹琵琶俑

后来，康昆仑果然十年不碰乐器，段善本也将琵琶技艺传给了他，并将自己写的很多曲子传给了康昆仑。"先有段和尚，善琵琶，自制《西凉州》。后传康昆仑，即《道调凉州》也，亦谓之《新凉州》云。"（以上故事出自晚唐人段安节所著《乐府杂录》一书）

又有记载说，段善本在琵琶上的技艺远超玄宗年间的琵琶高手贺怀智。他的琵琶以石为槽，用鹍鸡筋作弦，用铁拨弹，"鹍弦铁拨响如雷"。可段善本却敢用羊皮作弦，弹时声震如雷。而贺怀智毕生不敢用羊皮作弦，"缠弦不敢弹羊皮"，因为他的指力和技艺根本就驾驭不了。由此人们觉得段善本的本领要高于贺怀智，堪称大唐第一琵琶高手。

杜牧的爷爷杜佑，是唐朝宰相，曾经编过一本叫作《通典》的书，详细记载了当时的典章制度，其中说："坐部伎即燕乐，以琵琶为主，故谓之琵琶曲。"

由此可见，当年琵琶在乐器中的地位是很高的。

第三章

唐代参军戏：小品和相声的『祖宗』

现在的春晚，作为『精神年夜饭』，小品和相声是不可或缺的一道菜。如果只有歌舞，就像菜里面没有了葱姜蒜等调味品，少了很多的滋味。在唐代，虽然没有相声和小品这类的艺术，但却有一种类似的艺术形式，叫作『参军戏』。说来这个戏，应该算得上它们的鼻祖。

我们现在的春节联欢晚会，作为"精神年夜饭"，小品和相声是不可或缺的一道菜。如果只有歌舞，缺了这些，就像菜里面没有了葱姜蒜等调味品，缺少了很多的滋味。

在唐代，虽然没有相声和小品这类的艺术，但却有一种相类似的艺术形式，叫作"参军戏"。说来这个戏，应该算得上相声、小品等艺术的鼻祖。

这种戏的起源，历来有两种说法：一种说法是起源于东汉年间，说是馆陶县令石耽因贪赃犯法，受到皇帝的惩戒。因为汉和帝觉得石耽这个人还是"人才难得"，有工作能力的，所以没有把他关进监狱，而是继续录用。但是每逢朝廷大宴群臣时，皇帝就让石耽穿上白衣服（古代没官职的人只能穿白衣），站在堂前被一些演戏的优伶们百般嘲笑，借此对百官进行"廉政教育"。如此过了好多年，才免除了对石躭的这种惩罚。

另一个说法与此类似，是说在后赵时，有个名叫周延的人，时任参军（古官职名），因贪污了官府的丝绢数百匹，被关进监狱。后来因为这个周延之前有过不少的功劳，所以就免予处罚。但是皇帝石勒为了儆戒官员，于是在宫廷

唐代参军戏陶俑

宴会上让俳优（演员）扮演周延，穿了黄绢单衣上场。这时就有另一个演员说："你是什么官，为什么跑到我们队伍里来？"（当时把演员视为下等人）假周延就抖抖身上的黄绢说："我本来是参军，因为偷拿国家几百匹的绢，所以才成了你们这样的下等人。"于是皇帝和大臣们都哄堂大笑，以此取乐。

后来，皇帝发现这个形式挺好玩的，于是就将这个娱乐项目保留下来了。内容也不限于讽刺贪官了，主要就是一个受挖苦吃瘪的"参军"角色，一个对他进行戏谑耍弄的"苍鹘"角色。用我们现在的小品或相声来讲，像朱时茂和陈佩斯的小品中，朱应该是"苍鹘"，陈应该是"参军"；赵本山和范伟的小品中，赵应该是"苍鹘"，范应该是"参军"；郭德纲和于谦的相声中，郭应该是"苍鹘"，于应该是"参军"。总之，参军就是受气包，挨骂被损的那个角色。

之所以又叫"打参军"，是旧时演出这种戏时，经常会有"苍鹘"打"参军"的动作。据侯宝林先生说，这个习惯新中国成立前在相声界也有，他曾写过这么一段话：

从历史资料上看，还有一种打人的道具，那是唐朝参军戏的道具，"副净副末打参军"。一直到相声，还保留着这种道具。这种道具很有名，我们叫它"托板"，托是假托的意思，说明这里有假。打人的时候听起来声音很响，很厉害，可是不太痛。……解放以后，我们极力反对使用这种打人的道具，以打人引人发笑是不道德的；作为艺术形式来讲，打人的形象也是不能令人喜悦的。现在好多人已经不知道还有这种打人的道具了。

"参军戏"这种艺术形式，由于是从揭批贪官开始形成的，所以一直具有比较鲜明的讽刺性。

《资治通鉴》中有一个著名的故事，说是开元时的名相宋璟当时官居侍中，他对有罪不服还不断上诉的人很反感。他对中丞李谨度说："狱中那些屡屡上诉不服罪的家伙，继续关着；要是老实服罪，不再上诉了的人，就放出来。"

当时正逢长安一带大旱，于是优伶们就扮成了"旱魃"在皇帝玄宗面前演参军戏。这"旱魃"是古代神话传说中能引发旱灾的怪物，最初带有神、怪二重身份，后来就向小鬼和僵尸的方向发展。

另一个人问"旱魃"："你为什么出来啦？"

扮成"旱魃"的人就说："是相公（宰相）让我出来的。"

那人就再问："相公为什么让你出来？"

"旱魃"说："相公把蒙受冤枉的300多人都关在牢里，怨气太重，所以我这种鬼怪就出来啦。"（古人认为天时不正，如六月飞雪之类都是有冤情所致）

《资治通鉴》记载，当时看到表演的唐玄宗"心以为然"，也就是说认识到了宋璟这件事办得不大对。我们看，当时的"参军戏"不但起到了讽刺的作用，而且还具有讽谏的意义，承担了"舆论监督，群众喉舌"的一部分功能。

像参军戏的著名演员，如黄幡绰等人，不只是给皇帝逗乐，而且还时不时地给皇帝提意见，比如劝阻年老体胖的玄宗不再玩激烈度高、危险性大的马球游戏等。

唐段成式《酉阳杂俎》记载，有一年唐玄宗封禅泰山，大臣张说为封禅使，主要负责当时封禅的事务。按照旧例，封禅后，三公以下的官员都要升一级。张说的女婿郑镒却得到火箭式提拔，从九品官一下子升到了五品官，大大违反了组织原则。大宴群臣的时候，玄宗见郑镒的官服忽然从青袍变成了红袍（官员五品以上才有资格穿），很是诧异，就问为什么，郑镒不知该如何回答。这时黄幡绰就讽刺道："此泰山之力也！"——也正因为这个典故，岳父又称为老泰山。

当然，历来都是拍马屁风险小，讽刺这东西弄不好就得罪人，甚至把自己的性命都搭上。

《顺宗实录》记载，唐德宗时，有一个酷吏京兆尹李实，这家伙只顾自己的政绩，对待百姓可谓严苛。遇上灾年，他也不上报朝廷，由是租税照征不误。老百姓交不起税，没办法只好拆掉屋子卖砖瓦、木材，低价抵押青苗向官府交差。于是当时的优伶成辅端就编了几句歌谣："秦地城池二百年，何期如此贱田园。一顷麦苗伍石米，三间堂屋二千钱。"当时大家都在变卖砖瓦、木材，一时间房地产也严重贬值，老百姓欲哭无泪。

李实这个小肚鸡肠的坏官，听了成辅端编的歌谣，对其恨之入骨，诬称成辅端诽谤朝政，将他杖杀了。

虽然如此，"参军戏"中的讽刺元素依然没有消失，一直传承到后世。后来还有这样的剧情：有人扮演土地神，搭档问他为什么也来京师。他说这个官刮地三尺，让我这个做土地神的没了住所，只好跟着来京城啦。

说起来，唐朝的舆论环境还是比较宽松的，唐懿宗过生日时，举行了盛大的庆祝会，还请了不少的高僧、道士来讲经说法。等他们开坛说法已毕，优伶李可及就上台演了一场别开生面的"参军戏"。

只见这李可及也穿了儒生的衣服，戴了高冠，系了博带，一派饱学宿儒、学术权威的派头。他在高台上大模大样地一坐，自称要讲"三教论衡"的大题目。所谓"三教论衡"是指儒、道、释三教，各逞教义、互争高下、辩论是非的一种活动。但李可及只是一个搞笑的优伶，却宣称要讲这样的严肃题目，着实让大家吃了一惊。

他的搭档开口问道："你既然大言不惭，要讲三教经典，那我问你释迦也就是如来是什么人？"

李可及答道："女人。"

台下于是"嘘"声一片，皇帝也放下了酒杯，好奇地看着他。

搭档又问："何以见得如来是女人啊？"

李可及说：《金刚经》里写佛祖'饭食讫，收衣钵，洗足已，敷座而坐'，既然是夫坐儿坐（敷座而坐），有夫有儿，难道不是个女人吗？"

本来"敷座而坐"，是说佛祖跌坐——即盘腿而坐，这里李可及用谐音歪曲佛经中的本义来搞笑，结果皇帝听了莞尔一笑。

接着，搭档又问："那太上老君是什么人？"

李可及说："也是女人。"

台下知道他的套路了，也不再"嘘"他，只听搭档问道："何以见得太上老君也是女人呢？"

李可及说：《道德经》云：'吾有大患，为吾有身。及吾无身，吾有何患？'要不是女人，怎么会有身（古时把怀孕委婉地称为有身）呢？"

《道德经》原意是说人们

佛陀这种坐姿称为结跏而坐

患得患失，就是因为过于在意自身。如果抛开这些得失，就不会有烦恼了。这里李可及又玩了一把偷换概念的游戏，逗得大家开心。

果然，皇帝听了龙颜大悦，眉开眼笑。

接下来，搭档又问他："那文宣王（孔子）是什么人？"

李可及还是说："女人。"

大家哄然大笑，搭档问道："你怎么知道的？"

李可及说："《论语》云：'沽之哉！沽之哉！吾待贾者也。'要不是个女人，为什么还有'待嫁'一说啊！"

孔子这句话，本来是说"待贾（价）而沽"，希望出仕的时候，能够找到"识货"明主。而李可及再度用谐音的手法，将"待贾"解释成"待嫁"，由此引发笑点。

结果皇帝唐懿宗笑得前仰后合，赏赐给李可及很多的财宝。这段故事见于《唐阙史》下。

但是，我们仔细分析，李可及在公开场合调笑戏谑"儒释道"三教中的最高领袖，把他们调侃成女人，按说会直接得罪士大夫阶层和佛道两界的宗教人士，影响应该说很坏。结果这样的节目还没有被"毙"，而且也没有引起社会上有关人士的严重反感。由此可见，唐朝人对言论的宽容度还是相当高的，在文化自信方面，有足够的底气。

当时，参军戏十分流行，是大家喜闻乐见的节目。唐代著名诗人李商隐在《骄儿》诗中写道："忽复学参军，按声唤苍鹘"，就是说自己的小儿子看了戏之后，模仿参军戏中情节玩耍。

　　参军戏虽然不是起源于唐代，但在唐代成熟和繁荣，作为小品和相声的鼻祖，唐朝的参军戏有着不可动摇的地位。虽然这种艺术一直不被人们所看重，但是它对民间文化的影响相当深远。

第四章

唐人精彩的百戏和马戏

在唐代，除了歌舞以外，各种盛大的节日盛会中，总少不了各种杂技马戏的身影。如果你能穿越到唐朝，走过热闹的街市，会看到众多的百戏艺人，他们有的顶竿走绳，有的吞剑吐火。如果是皇家参与的大型盛会，还会有舞马、舞象之类的马戏表演。

◉ 顶竿的绝技

在唐代，除了歌舞以外，各种盛大的节日盛会中，总少不了各种杂技马戏的身影。如果你能穿越到唐朝，走过热闹的街市，会看到众多的百戏艺人，他们有的顶竿走绳，有的吞剑吐火。如果是皇家参与的大型盛会，还会有舞马、舞象之类的马戏表演。

敦煌有一幅唐代壁画，叫作《宋国夫人出行图》，是唐朝时收复瓜、沙等十一州的节度使张议潮的夫人出行的情景。我们看这位贵妇人的排场还真不小，四个舞女在前面翩翩起舞，还有一组乐队，分别演奏笙、笛子、腰鼓、鸡娄鼓、拍板等乐器，后面还有随从九骑，分执扇、衣、镜、琴、炉、壶、包袱等。

最引人注目的是，最前方一组人正在进行顶竿表演。一个身材

敦煌壁画莫高窟第156窟《宋国夫人出行图》

　　壮硕的女子用头顶着一个十字形的竹竿，上面有四个孩童在做出各种惊险动作。画面上，两个孩童分别手搭"十字架"两端上下翻转，一名孩童盘在杆子中间，另一名则在竿子的最高处做倒立动作。从这幅珍贵的唐代壁画我们能够得知，顶竿这种表演在唐代是相当流行的。

　　在唐诗中，我们也能够找到相关的记载。唐朝著名的神童刘晏曾经写过这样一首诗："楼前百戏竞争新，唯有长竿妙入神。谁谓绮罗翻有力，犹自嫌轻更着人。"题目叫《咏王大娘戴竿》。

　　《明皇杂录》记载，当时的情景是这样的：唐玄宗年间，在勤政楼举行热闹的庆祝活动，当时乐舞和"百戏"纷纷上场。有一个叫王大娘的——前面我们说过，唐朝的"大娘"是指排名老大的女子，像"王大娘""公孙大娘"，当时都不是老阿姨，而是水灵灵的姑娘。你不要把"王大娘"想成是《水浒传》中的王干娘。

这个王大娘擅长顶竿技艺，只见她头顶一个粗大的竹竿，竿子顶端还有一个状似东海瀛洲、方丈仙山的巨物。不但如此，还有几个装扮成仙童的孩子，手持红颜色的仙人符节，在上面歌舞跳跃，大家都看得惊心动魄。

当时刘晏（后来成为唐朝著名的大臣，善于理财）年方十岁，是个小小孩童，但已经是秘书省正字。贵妃把他抱过来，让他坐在自己膝上，问他："听说你是个很聪明的神童，你能为这个杂技写首诗吗？"刘晏不假思索，当下就口占一首七绝，就是我们上面说的那首诗。

这里，我们且不去谈刘晏的聪明，从他的这首诗中，我们知道，当时顶竿这种表演是相当流行的。有意思的是，唐代保留到现在的几幅顶竿的图画中，担任顶竿"底座"的人全都是女子。也许唐代人普遍健硕，如果是男子顶竿的话，根本算不上什么稀罕事儿，只有女子来玩这个力气活儿，才值得一观吧。

中唐诗人王建在他的《寻橦歌》中曾写下这样的句子："身轻足捷胜男子，绕竿四面争先缘"，顶竿的女艺人能够顶起"百夫擎不起"的大竿，竿子的高度也是"袅袅半在青云里"。这虽然有诗歌夸张的成分在内，但也可以体会到唐朝女顶竿演员令人惊叹的功夫。

一般来说，顶竿时应该最怕大风的天气。现在有时遇上大风，连飞机的起降都受到影响，更别说顶竿了。但是唐代的女艺人艺高胆大——"矜难恐畏天无风"，就是说表演时她们不怕有风，有风才能显得出她们的本领来。有大风吹时才能让表演更加惊险刺激，赢得观众的惊叹和喝彩。

◉ 精彩的绳技

除了顶竿，唐朝的杂技最常见的就是绳技，也是以女演员居多。她们在绳子上如履平地一般行走，然后还能折腰翻筋斗，穿梭、跳跃、翻腾、舞蹈，如同飞仙一般。

曾经生活在开元天宝年间的封演写过一本书叫作《封氏闻见记》，其中记载："玄宗开元二十四年八月五日，御楼设绳伎。"表演者将长绳的两端系在埋在地下的辘轳上，中间放几丈高的一个木头柱子，把绳子顶起来，然后搅动辘轳，拉得绳子直如弓弦。这样，绳子被木头支起来后，就形成了一个"△"的形状，然后几名打扮得花枝招展的女子就沿着这个有一定斜度的绳子蹑足而上。她们走得飞快，风吹衣带飘飘，恍若仙女一样，而且一举一动还像舞蹈一样，和伴奏的鼓乐中节合拍。

有时眼看着她们在绳上相遇，马上就要撞在一起了，但却就在这间不容发之际她们一侧身就避过去了。有的还故意穿着木屐来表演，要知道古人穿的那种木屐，类似我们现在的拖鞋。我们现在穿拖鞋开车都不被允许，就是因为穿拖鞋在完成一些动作时会很不方便，但唐朝的女艺人为了增加难度，直接穿上木屐再来玩。

更有甚者，还在腿上绑了一节六尺长的竹竿，相当于在绳子上走高跷。还有时，演员们在绳子上表演叠罗汉，叠上三四层，顶层的人空翻而下，仍然能稳稳地踏在绳子上，常常是看得大家先是手心冒汗、瞠目结舌，然后再欢呼雀跃，由衷地鼓掌喝彩。

开元天宝年间，唐玄宗经常观看这类表演，有一年在兴庆宫观看了走索表演后，御林军卫士胡嘉隐写了一篇《绳伎赋》献给了玄宗皇帝。皇帝正在兴奋中，眼看小胡这篇文赋也确实不错，于是当即给他升了官，当上了金吾卫仓曹参军。

这篇文章写得怎么样呢，我们不妨摘录一些看看：

观八佾则罗袜生尘，髻两髦则麻衣如雪。结绳既举，彝伦攸序。杳若天险之难升，忽尔投足而复阻。来有匹，去无侣。空中玉步，望云鬟之峨峨。日下风趋，见罗衣之楚楚。足容捷，貌容恭。鸟斯企，云相从。煜煜兮映朱楼之花萼，焕烂兮开甲帐之芙蓉。横竿却步，叠卵相重……应鼓或跃，投绳或翔。婉娈兮弄玉之随萧史，仙妻之别刘纲。凌波不足奇其术，行雨未可比其方。然后知海之深则孤楂可泛，河之广则一苇能航。不奔明月，不赴高唐。食君之珍膳，衣君之裂裳。喜千秋之令节，愿献寿兮天长。……绳有弛张，艺有废兴。用舍靡定，倚伏相仍。如临如履，何兢何喜。犹君之从谏则圣，伎之从绳则正。惟伎可以为制节，绳可以为龟镜。……此乃尧舜之用心，使吾人之载喜。庆赐必周，将顺其美。来娉婷，去轻盈。奇伎兮忽还天上而不可见，绳绳兮道之远兮不可名。

　　我们看，文采也很一般，不过倒是描写了不少走绳时的精彩情景。胡嘉隐不但写了绳伎女子的高超艺法，并且把观看绳技表演这种游乐提高到了治国理政的高度，说是治国的君王也要参考走绳时如临深渊、如履薄冰的谨慎，以君子兢兢的精神来约束自己。所以醉醺醺的玄宗皇帝见他一个平时玩刀弄枪的武夫还能写出这样的文章，一高兴就给他升了官。

　　但从事后看，这个胡嘉隐再也没有其他的文章问世，《全唐诗》和《全唐文》也没有收录他其他的作品，所以我怀疑小胡这篇文章是找枪手代写的。他知道皇帝每次看了绳技表演后就很高兴，于是想到了献赋这一招儿，果然完成了阶层的跃迁，从普通的大头兵变成了有品阶的官儿。

　　唐朝张楚金是唐高宗时人，进士出身，写过《楼下观绳伎赋》："初绰约而斜进，竟盘姗而直上，或徐或疾，乍俯乍仰。近而察之，若春林含耀吐阳葩；远而望之，若晴空回照散流霞。其格妙也，窈窕相过，蹁跹却步，寄两木以更蹑，有双童而并骜。还回不恒，踊跃无数，惊骇疑落，安然以住。"说明在唐高宗时，也是很流行这种表演的。

　　中唐诗人刘言史，一生布衣，和孟郊是好朋友。他有次做客潞府（今山西长治），在李相公席上，看到了绳技表演，写了一首长诗《观绳伎（潞府李相公席上作）》：

泰陵遗乐何最珍，彩绳冉冉天仙人。

广场寒食风日好，百夫伐鼓锦臂新。

银画青绡抹云发，高处绮罗香更切。

重肩接立三四层，著屐背行仍应节。

两边丸剑渐相迎，侧身交步何轻盈。

闪然欲落却收得，万人肉上寒毛生。

危机险势无不有，倒挂纤腰学垂柳。

下来一一芙蓉姿，粉薄钿稀态转奇。

坐中还有沾巾者，曾见先皇初教时。

我们看，这首诗也印证了前面《封氏闻见记》中所说的情景，像叠罗汉、在绳子上交错侧身翻腾等，而且还写了一个前面没提过的技艺，那就是在绳子上舞剑——"两边丸剑渐相迎"，这也是有相当的危险性。我们想，在绳子上平衡如果掌握不好，原来失误只是身体摇晃，最多跌落下来，而现在还要近距离地舞剑，就有可能失手伤到同伴。所以看得大家是"万人肉上寒毛生"，紧张万分。

诗圣杜甫《千秋节有感二首》也写出"舞阶衔寿酒，走索背秋毫"这样的句子。所谓千秋节，是指八月二日的唐玄宗生日。说明在重大节日，走绳的表演是必备项目。

因为唐人普遍迷恋绳技，所以也产生了很多传说。唐代皇甫氏所作《源化记》中说，有一个因犯声称自己擅长绳技，愿意献艺赎罪。长官问狱吏："这个人犯了什么罪啊，重不重？"狱吏说："不是什么杀人放火的大罪，就是欠了人家的钱没有还罢了。"

长官听了，于是找来这个囚犯问道："绳技虽然难，但会的人也有很多，你有什么出奇的本领？"

这个囚犯说："平常的绳技，都是两头系着，中间走人。我的绳技不是这样，只用一条手指粗的绳子，抛上空中，就可以表演。"

长官听了，十分好奇，于是第二天就令他到校场上表演。只见这个囚犯手捧一团长绳，往空中一抛，就好像天上有东西在扯着它一样，变得笔直向上。眼见这绳子像一根绳柱一样直钻天空，越来越高，足足有二十余丈。趁大家都看得目眩神迷之际，这个囚犯就顺着绳子爬了上去，然后像飞鸟一样，跳出了狱墙，跑得没影了，那团绳子也又立刻变得像死蛇一样软绵绵地落在了地上。这项技艺也被称为"神仙索"。

类似这样的传说，后世一直也有，明代《艳异编》便有一宗关于垂直绳技的公案。《聊斋志异》中也写了有关"天宫偷桃"的异闻，说是把绳子抛上天空，绳子就变成了一个绳柱的模样，然后让孩子顺着绳子爬上去，到"天宫"去偷桃。过了一会儿，从天上掉下一个桃子，像碗口那么大。表演者很高兴，请堂上官员传示。这时，绳子忽然从天上落下来，然后扔下来的是孩子大卸八块的尸体。表演者啼哭不已，把零碎的尸块放进竹筐中。官员见此惨状，都心生悲悯，纷纷给钱安慰他。而给足了钱后，表演者对着箩筐一拍，孩子又重新复活，从箩筐中走了出来。

古人对于一些奇奇怪怪的魔术，总是有所夸张的。现在我们看网上视频，印度人还有类似的表演，他们一边吹笛子，篓里的绳子就像蛇一样动起来，然后变得僵硬笔直，仿佛是有人牵着一样，竖起来直冲天空，也会安排一个小孩子沿着绳子爬上去。不过，绳子的高度也就几米高而已，不会像传说中那样直冲云霄，以至于看不到绳头。

◉ 舞马与舞象

唐朝人爱马，是出了名的。像唐太宗李世民就曾经把自己南征北战时骑过的六匹骏马，画成图形，然后镌刻在石上，这就是有名的"昭陵六骏"。后世的帝王陵前，虽然也有石人石马之类，但没有像太宗这样对马有如此深厚感情的。昭陵六骏已不是单纯的象征物，它们是太宗的"亲密战友"，太宗渴望死后还能有它们来陪伴。

昭陵六骏之一的特勒骠

　　所以在盛大的节日上，百戏之中的舞马特别受大家的欢迎。所谓舞马，是说将马训练之后，马能够随着音乐的节拍腾踏起舞，这项杂技同样是繁盛于唐玄宗时期。《明皇杂录》记载："玄宗尝命教舞马，四百蹄各为左右，分为部，目为某家宠，某家骄。时塞外亦有善马来贡者，上俾之教习，无不曲尽其妙。因命衣以文绣，络以金银，饰其鬃鬣，间杂珠玉。其曲谓之《倾杯乐》者数十回，奋首鼓尾，纵横应节。又施三层板床，乘马而上，旋转如飞。"

　　我们看，当时的皇家饲养并训练了 400 匹舞马，并且每一匹马都有自己的名字，称之为"某家骄"，打个比喻，有的可能叫"张家骄"，有的叫"李家骄"，有的叫"王家骄"，有的叫"赵家骄"……然后奏的乐曲叫作《倾杯乐》。

　　上场表演的马，都披上五彩斑斓的锦绣饰品，脖子挂上金灿灿的铃铛，听到"什么样的节奏是最呀最摇摆，什么样的歌声才是最开怀"的乐曲响起——不好意思，曲子错了，应该是《倾杯乐》的

唐代彩绘陶马
与驯马俑

曲子响起，这些舞马就摇头摆尾，起卧跳跃，甚至可以旋转直立起来，而且和音乐的节拍十分应和。

为了增加舞马的精彩程度，驯马者还让舞马从石台上跳上跳下，或者在三层板床上旋转。当然，最后的高潮环节，则是舞马衔起盛满美酒的杯子，冲着皇帝跪下前腿，献酒祝寿。这就是诗圣杜甫所写的"舞阶衔寿酒"，对于这个情景，当过宰相的张说写得更细致，毕竟他看表演时坐在"贵宾席"，看得更清楚：

> 圣皇至德与天齐，天马来仪自海西。
> 腕足徐行拜两膝，繁骄不进踏千蹄。
> 髶鬃奋鬣时蹲踏，鼓怒骧身忽上跻。
> 更有衔杯终宴曲，垂头掉尾醉如泥。

之所以会"垂头掉尾醉如泥"，是因为舞马衔杯祝酒时，不免会有一些酒洒进马的口中。虽然唐朝的酒度数不高，但马对酒精的耐受力也没有人们想象得高，所以这些舞马有的完成了衔杯祝酒的任务后，大有醉态，垂头掉尾，不似之前精神抖擞了。但这并不算"失仪"，皇帝要的就是万民同乐的效果，连舞马都一起喝醉了，正好能代表文成武德、泽被苍生的寓意吧。

可叹的是，安史之乱后，不但李龟年、许和子、雷海青这些梨园子弟们死的死，散的散，沦落不堪，这些舞马的下场也很悲惨。安禄山的贼兵攻破了长安后，他们不知道这些是经过驯服后具备艺术特长的舞马，就把它们当一般的战马使用。这真是明珠暗投啊！和千里马拉盐车一样惨。

这还罢了，更倒霉的是，有一次贼军在营中饮宴，奏起了乐曲，几匹舞马一听有音乐，就按着节拍跳起舞来。贼兵贼将都是粗俗不堪的土包子，从来没有见过舞马的表演，竟然认为这些马是中邪了，于是用鞭子、棍子乱打，但越是打，这些舞马越以为是自己跳得不好，不够卖力，于是更加积极跳跃起舞。最终的结果是，舞马都被贼兵下狠手给打死了。这真是暴殄天物，罪过！罪过！

1970 年 10 月，在西安市南郊原唐长安城兴化坊遗址中，专家们发现了享誉世界的何家村唐代窖藏。窖藏出土了一千余件堪称国宝级的文物，其中有一件叫"鎏金舞马衔杯银壶"。正是这件文物，记载下了当年的舞马形象，它脖子上系着随风飘起的绶带，口衔酒杯，前肢伸直，后肢弯曲，好像正在朝向皇帝拜舞。

除了舞马，唐朝时还能看到舞象的表演。《旧唐书》记载，唐玄宗时期，"五坊使引大象入场，或拜或舞，动容鼓振，中于音律"。唐朝时这些大象是从哪里来的呢？

我们知道，在商周时期，中原地区也是有象的，河南的简称"豫"，表明当时是有大象的。不过随着人们的捕杀和气候的变化，大象渐渐只有岭

鎏金舞马衔杯银壶

南和云南一带才有了。而唐朝时用来表演的大象，多数是南面的小国进贡来的。《册府元龟》外臣部（十六）朝贡第四记载，开元元年（713），林邑国（现在的越南中南部）进贡大象五只，开元十九年（731）朝贡驯象四只。《唐会要》卷九十八记载，在唐玄宗天宝八载（749）林邑国曾一次性进贡驯象二十只。其他像真腊国（现柬埔寨、老挝等地）、南诏国（现在云南一带）、波斯（现在的伊朗）都曾经进贡过大象。

大象其实是一种非常聪明的动物，我们现在如果去泰国旅游，还会看到各种各样的大象表演：诸如大象骑车、大象踢足球、大象按摩等等，所以在舞蹈上面，大象也是很容易做到的。不过，在当时唐朝人普遍连大象这种动物都没有见过的情况下，舞象的表演肯定比舞马更具吸引力。当然，更让大家惊奇的还有波斯进贡的犀牛。卢纶有诗："蛮夷陪作位，犀象舞成行。"皇家盛宴上，四方的蛮夷头领前来作陪，象征着四夷臣服。而进贡的犀象也前来舞蹈拜贺，更是彰显了大唐的国威。所以，舞象比舞马在盛大宴会上更具有"政治色彩"，能够体现万邦来朝的赫赫威仪。

安史之乱时，舞象的下场和舞马一样惨。安禄山的贼兵强迫驯养大象、犀牛的人牵了这些动物从长安赶到洛阳去进献给安禄山（安禄山把国都改在了洛阳）。

当时像犀牛、大象等动物，中原本无，人们都非常稀罕。安禄山揣摸着幽燕戎王、蕃胡酋长这些土包子肯定没有见过——安禄山多次入长安，得玄宗亲切召见赐宴，应该见过，于是就先胡吹一番，他说："自从我得了天下后，犀牛和大象都从南海跑了过来，见我都

陶乐舞群俑

朝拜舞蹈。你看连畜生都能顺从我的天威，这不是天意吗？四海九州日后必然是我的天下。"

　　不料想，当安禄山命人牵来犀牛和大象时，犀牛和大象可能一路上又挨打又受累，或者是驯养它们的人忠于唐室，有意让安禄山出丑。反正这些大家伙见了安禄山，不但不像朝见玄宗时那样舞蹈参拜，反而对着安禄山"瞠目忿怒"，没有一个起舞的。

　　安禄山这个脸可丢大了，于是恼羞成怒，命人挖了个大土坑，将犀牛和大象推了进去，投入柴火烧。又让力士用长矛刀剑从上往下投掷，将这些珍贵动物全部杀死。唐宫中的旧人乐工无不掩面哭泣。

　　不过，从中唐诗人卢纶的那句诗看，安史之乱平息之后，会跳舞的犀牛、大象之类，又重新充实到皇家禁苑中，得以在盛大节日时表演，"衣冠共颁金镜，犀象对舞丹墀"的盛况再次出现。

　　至此，我们已经介绍了大唐娱乐节目中的主要内容，假如我们能穿越到唐代，举办一场大唐的文艺晚会的话，可能会看到以下的节目：

10 小品《泰山之力》 表演者：黄幡绰

11 琵琶合奏《绿腰》 演奏者：康昆仑 眼儿本

12 斗鸡表演 表演者：贾昌

13 笛子独奏《凉州曲》 演奏者：李谟

14 《胡旋舞》 表演者：安禄山

15 《荔枝香》 演奏者：梨园『小部音声』众儿童

16 《还京乐》 演奏者：张野狐

17 小品《三教论衡》 表演者：李可及

18 《羯鼓催花》 表演者：玄宗皇帝 花奴 李龟年

注：以上节目单纯属想象，以供娱乐，人物不见得为同一时期。

大唐文艺晚会 节目单

1 《霓裳羽衣舞》

领舞：张云容　谢阿蛮　伴奏：贺怀智　雷海青

2 《清平调三首》　作词：李白　演唱：李龟年

3 《秦王破阵舞》　表演者：羽林军将士

4 《大唐歌飞》　演唱者：念奴　许和子

5 杂技《顶竿》　表演者：王大娘

6 古琴独奏《胡笳》曲　演奏者：董庭兰（董大）

7 《百兽率舞》　舞马、舞象表演

8 《西河剑器浑脱》　表演者：公孙大娘

9 杂技走绳　表演者：梨园绳伎

附
主要参考书目

一、古代文献：

1. 〔唐〕张鷟：《朝野金载·隋唐嘉话》，三秦出版社，2004年。

2. 〔唐〕长孙无忌：《唐律疏议》，中华书局，1983年。

3. 〔唐〕刘肃：《大唐新语》，中华书局，1984年。

4. 〔唐〕韩鄂：《四时纂要选读》，农业出版社，1984年。

5. 〔唐〕李肇：《唐国史补》，上海古籍出版社，1957年。

6. 〔唐〕张读：《宣室志》，商务印书馆，1960年。

7. 〔唐〕郑处海：《明皇杂录》，中华书局，1994年。

8. 〔唐〕段成式：《酉阳杂俎》，中华书局，1981年。

9. 〔五代〕王定保：《唐摭言》，上海古籍出版社，1978年。

10. 〔五代〕王溥：《唐会要》，上海古籍出版社，1991年。

11. 〔五代〕刘昫等：《旧唐书》，上海古籍出版社，1997年。

12. 〔宋〕计有功：《唐诗记事》，中华书局，1965年。

13. 〔宋〕司马光：《资治通鉴》，中华书局，1976年。

14. 〔宋〕王谠：《唐语林校证》，中华书局，1987年。

15. 〔宋〕欧阳修、宋祁：《新唐书》，中华书局，1997年。

16. 〔宋〕王钦若：《册府元龟》，中华书局，2003年。

17. 〔宋〕李昉：《太平广记》，中华书局，2020 年。

18. 〔宋〕陶谷：《清异录》，中国商业出版社，1985 年。

19. 〔元〕辛文房：《唐才子传》，中华书局，1995 年。

20. 〔明〕冯梦龙：《古今谭概》，中华书局，2018 年。

21. 〔清〕徐松：《唐两京坊考》，中华书局，1985 年。

22. 〔清〕董诰：《全唐文》，上海古籍出版社，1991 年。

23. 〔清〕彭定求：《全唐诗》，中华书局，1999 年。

二、当代论著：

1. 赵声良：《敦煌石窟艺术简史》，中国青年出版社，2016 年。

2. 徐连达：《唐朝文化史》，复旦大学出版社，2003 年。

3. 黄正建：《唐代衣食住行研究》，首都师范大学出版社，1998 年。

4. 樋口清之：《日本食物史——食生活の历史》，东京：柴田书店，1959 年。